奥田祥子

男という名の絶望

病としての夫・父・息子

GS

JN263088

はじめに

「声にならない慟哭《どうこく》」――。これがその重圧の正体であることを実感するまでには、インタビューを始めてからしばらく時間を要した。

「自分がとことん嫌になった」「仕事が、家族が、わからない」「現実から逃げて、狂ってしまいたい」……。男たちが長い沈黙の後、目を充血させ、また唇を震わせて必死に吐《は》き出す言葉の重みに、度々、胸が押しつぶされそうになった。十数年にわたり、三百人近くの男性に仕事や家庭、社会で抱える生きづらさを取材してきて、彼らが打ち明ける苦しみを受け止める経験は積んできた。にもかかわらず、本書の一連の取材では、突如として全身に悪寒《おかん》が走り、また思わず目を背けてしまい、冷静さを欠く場面も少なくなかったのだ。

それでも、私は悩める男たちにまるで魔法でもかけられたかのように、取材にのめり込んでいった。現実逃避や自己否定といったネガティブな言動の奥深くに、男の性・生を生き抜きたいという悲痛な心の叫びがあることを思い知らされて。

彼らの「男であること」の苦悩は今や、ただ単なるつらさから、脅えの段階をはるかに超え、想像を絶する絶望という「病」にまで陥《おちい》ってしまっているのである。

市井《しせい》に暮らす男たちを取材し始めたのは、二十年余り前に新聞記者になり、報道のプロフェッショナルとして、また社会を生き抜く性として強く逞《たくま》しく、憧《あこが》れの存在だった男性が実は、日々の生活の中で他者には明かせないつらさを一人で抱え込み、弱り切っているということを知ったのがきっかけだった。彼らの苦悩に寄り添い、何とか活路を見出《みいだ》す姿を見届けたい、そして反権力の姿勢で社会の矛盾を糾弾《きゅうだん》したいという思いで、一ジャーナリストとして独自の活動を続けてきた。

十年に及ぶ密着ルポである前作『男性漂流―男たちは何におびえているか』（講談社＋α新書）は多くの男女の方々に読んでもらい、深刻な問題ながら「救い」や「希望」があったなどという温かい感想をいただき、この上ない幸せをかみ締めた。中年期にあってもなお、キャリア形成や唯一の肉親である母親の介護、自らの家庭を築けないことに右往左往する己にとって、前へと突き進む原動力ともなったことを心から感謝している。

ただその一方で、すでに始めていた本書の事例取材では、予想だにしなかった男たちの懊悩《おうのう》や、その末に落ちていく彼らの常軌を逸《いっ》した行動に慌てふためき、果たして自分はこの人たちの煩悶《はんもん》をしかと受け止めてゆくことができるのか、途中で私自身がさまよい、心が折れそうになることもままあったのだ。男性の苦しみに寄り添う契機となった初の著作『男はつらいらしい』（新潮新書）と同様、突っ込んだ質問で取材対象者の怒りを買い、殴られそうになる寸前で逃げてきたこともあった。同作で異性である私の取材者としての不適格性を指摘する彼らの言い分は、ある意味、的《まと》を射《い》たものではあった。だが、本書では、夫婦の問題では「独身のあんたには、何もわかりっこない！」、わが子との関係では「子どももいなくて、よくそんな質問ができますね！」などと辛らつな言葉を投げつけられ、意気消沈してしまう己の力不足に打ちのめされそうになったことさえあった。

それでもなお、男たちの日々移ろいゆく思いや心の葛藤がやがて必ずや一条の光に通ずると信じ、彼らを追い続けることができたのは、どん底までもがき苦しみながらも、「男であること」と格闘する壮絶な姿が確かにそこにあったから。そして、彼らが思い煩《わずら》う背後に、許し難い社会の矛盾、権力の無策が横たわっていたからだ。一方で、継続取材の半ばで連絡が途絶えながらも彼らがインタビューに応じてくれたのは、私を媒介役として社会に、会社に、家族に、自分たちの窮状《きゅうじょう》と心痛を訴えたい、という切なる思いがあったからであり、その魂の叫びが私の胸を射たのである。

近年、男たちを取り巻く状況は凄まじい勢いで変化している。長年、男性を取材してきた経験をもとに、刻一刻と流れゆくこの「今」をしっかりと伝え、社会に強く訴えなければならない——。そう、燃えたぎるような使命感に突き動かされた。

本書は、男たちが置かれた過酷で理不尽な環境や、様々な要素が複雑に絡み合った彼ら自身の心中《しんちゅう》、他者・社会との恐ろしく不気味な相互作用を炙《あぶ》り出す「最新ルポ」である。四十歳代前半の団塊ジュニア世代を中心に、三十歳代後半から四十歳代の壮年、中年男性の、仕事や家族に関する様々な問題を取り上げている。いずれも日常生活に潜《ひそ》む深刻かつ、誰しもが直面し得る身近なテーマだ。

章構成は、第1章「社員刺し——会社と闘えない」、第2章「妻の不実——家の〝主〟と相まみえない」、第3章「ファザーレス——わが子が見えない」、第4章「母親の呪縛——『血』から逃れられない」、第5章「男という病」。一人ひとりの男性を継続的に取材し、妻や男性の母親など問題の当事者への取材も試みた。第1〜4章で紹介する事例の取材対象者の中には、今も苦悩と絶望の淵《ふち》をさまよっている者もいれば、気持ちに前向きな変化が見られ、前途を切り開くべく歩み出した者もいる。一度で終わることのない追跡取材でありながら、あくまでも「今」に重点を置き、さらに彼らの近未来に一縷《いちる》の望みを託した。第5章では、苦難を乗り越え、希望の光を見つけた男たちの事例を紹介し、男という「病」の根底にある要因について男性学・男性研究や社会心理学、医療社会学の視座も交えて考察し、「病」を克服する処方箋《しょほうせん》を提示している。

それぞれの事例は決して特異ではなく、読者のみなさんの身近なところに潜伏《せんぷく》しているケースだ。あるいはみなさんご自身が直面している状況かもしれない。数多《あまた》の取材事例から、そう確信したものを厳選した。

会社からの巧妙なリストラの刃《やいば》が迫り来る中、管理職ポストを死守するために卑怯《ひきょう》な手段を用いた男性の行く末には、思いもよらぬ深い闇が待ち受けていた。家庭での〝居場所〟に固執し、不貞を行う妻を見て見ぬフリをしていた男性が自身のある〝罪〟を自覚した時、身辺に重大な異変が起きる。「教育パパ」として躍起になった挙句、自ら父親の立場を放棄してしまった者もいれば、母親に縛られた結果、自身の家庭崩壊の危機に晒《さら》された者もいた。ほかにも、妻からのドメスティック・バイオレンス（DV）、夫の性機能不全、妻によるわが子への「医療虐待」、子どもの引きこもり、非行……。男性のほか、妻や母親の本音も含め、メディアでは伝えられることのない、知られざる事実を明らかにしている。

本書タイトル中の「病」には、男性が抱える問題の深刻さ、重層性を表現するとともに、「病」であれば何らかの方法により治る可能性がある、という希望を託した。さらに、取材対象者の多くが侵《おか》されていた病気としての意味も込めている。その病気とは心の「病」である。詳細は第5章で述べるが、精神疾患はエックス線、病理検査などによって診断が行われる他の疾患とは異なるとても曖昧《あいまい》な医療領域だ。真性のものもあれば、社会的につくられた「病」も存在すると、私は考えている。社会的につくられた「病」は、投薬治療などで回復が見込まれる疾患よりなおいっそう重篤《じゅうとく》ともいえ、男たち自身が、そして彼らを取り巻く他者、社会全体が変容しない限り、完治は望めない。

本書を通して、読者のみなさんに男たちの苦しみを受け止め、「病」が快方に向かう策を共に考えていただければ幸いである。

＊本文中の事例紹介部分については、プライバシー保護のため、一部、表現に配慮しました。

男という名の絶望／目次

はじめに 3

第1章 社員刺し――会社と闘えない 19

「会社と闘ったって、無駄ですよ。すべて裏ルールで動いているんだから」 20

突然、後ろから刺された―― 21

うつ病発症から〝企み〟へ 22

脅しでポストを死守 24

ネタは部長の不祥事 25

同期を切った罪悪感 28

職場の地位へのこだわり 30

妻の支えで改心 31

「男の恥……弱っちい自分が情けなかった」 33

刑務所のような作業場 33

やりたい仕事と低待遇の狭間で 35

背景に女性不信も 38

「日雇い派遣」への転落 40
「自分」に気づかせてくれた奴 41
「どう妥協すればいいのか……」 43
依然厳しい労働環境 44

冷ややかに笑っている自分がおりまして……

「残酷な現実を俯瞰して」 46
「研修」先で退職願を 46
〝リストラ代行ビジネス〟の横行 48
産業医も会社の刺客 49
妻からも見放され…… 51
自己嫌悪の果ての自殺未遂 53
パワハラ傍観者の罪 55
「自分に何ができるのか……」 57
会社と「闘えない」男たち 58
理不尽な職場環境 59
なぜ現実と向き合えないのか 62

第2章　妻の不実――家の〝主〟と相まみえない　63
「嫁さんが浮気をしていて……騙されているフリをしていますよ」　64
妻の〝婚外恋愛〟　65
男は「家庭で騙されるのがいい」　68
夫の「復讐」　72
なぜ「騙されたフリ」をするのか　74
夫の病がもたらしたもの　75
「僕が期待に応えられなかったから、妻は娘にあんなひどいことを……」　79
妻がわが子に「医療虐待」　79
「夫が私に無関心だったから」　81
「何もできない」夫　84
稼げない負い目　87
「現実を受け止めたいけれど……」　89
「もとは僕のせいだし、自分が惨めで、相談なんてできない」　90

EDが夫婦不和の始まり 91
苦い経験を経て再婚へ 93
妻を爆発させた同窓会 94
夫は「DV被害者」 96
相談できない男 97
「沈黙の被害者」対策の不備 99
「男性不妊」の負い目 100
理想を求め過ぎていた 103
〝居場所〟に固執する男たち 104
なぜ妻と相まみえないのか 106

第3章 ファザーレス——わが子が見えない 109

「子どもが思い通りにならないから、もう無視しています」 110
新種の「教育パパ」 111
自分の夢を息子に 112
「息子の成長が唯一の楽しみ」 114

鬱陶しくて「無視」 116
「自分を犠牲にしてきたのに……」 119
自然な親子から 120
自分勝手な父親からの再生 122

「父親なのに、娘のために何もできない自分が不甲斐なくて……」 124

お父さんなんて思ってない! 124
震災による家族の変容 126
「知らなかった」次女の不登校 127
母子密着の弊害 129
長女の助けとボランティア活動 132
「子どもを味方にしたかった……」 134

「妻に大切な息子を奪い取られてしまった」 137

別れた息子に会いたい―― 137
教育方針で妻と対立 139
交われない父子 141
追い出される父親 142

離婚＝子どもとの別れ 145
非行に走る息子 146
「想いは伝わったのか……」 148
父親から「逃げる」男たち 150
なぜわが子を見失うのか 152

第4章 母親の呪縛——「血」から逃れられない 155

「嫁となら離婚もできる。でも、おふくろは一生つきまとうんです」 156
不意におふくろに縛られた—— 157
表面化する嫁姑の確執 159
切れない「血」の枷 162
母親への執着 163
長女の異変で家庭を顧みる 166
自分の家庭を第一に 168
「母が僕を頼りにしてくれることだけが、自分の価値というか……」 170

突然背負った母親の介護 170
「愛情」か「こだわり」か 172
苦悩の末のアルコール依存症 174
「現実から逃げていた」 178
地に足をつけたいが…… 180

「俺がおふくろのことにかまけていたせいで、かみさんが……」 181

妻の孤独がわからなかった—— 181
母親の介護で妻を見失う 183
実家へ引き戻した認知症発症 185
父親の遺産を巡る兄弟対立 187
やむを得ない施設入所 189
「出来事と向き合うしかない」 191
母親に縛られる男たち 193
介護離職と貧困 194
なぜ「血」から逃れられないのか 197

第5章　男という病　199

男であることの苦悩と絶望　200
孤立する男たち　203
社会的につくられる「病」　205

規範に惑わされず、己が道を――仕事・家族　207
主流から非主流への転落　207
起業で「自分なりの男」を　210
共に浮気する仮面夫婦　212
別れて取り戻す素の自分　214
〝居場所〟とは何なのか　216
「自己」の否定　217

遠ざかる心に歩み寄り、つながる努力――わが子・妻　218
「自分の子どもなのか……」　218
願望押しつけず、「子放し」も　220
「サロネーゼ」妻にうんざり　222
求め過ぎず、長所を見て　224
「闘う」という概念の謎　226

完璧でない己を認め、「自分のものさし」で――母親・会社 227
介護で〝勝ち組〟から脱落 227
「心の持ちようひとつで」 230
〝敗北〟で〝狂気〟の入口に 232
自己を評価するのは自分 234
「折り合いをつける」という希望 236
新たな男たちへ 238
おわりに 241

第1章

社員刺し——会社と闘えない

「会社と闘ったって、無駄ですよ。すべて裏ルールで動いているんだから」

二〇〇八年九月のリーマン・ショック以降、人員削減が非正規雇用の労働者だけでなく、正社員にまで広がっていることは周知の通りだ。リストラがいつ自分の身に降りかかるか――。日々の仕事に疲弊《ひへい》し、また揺らぐ家族のかたちに戸惑う中、言い知れぬ不安と精神的苦痛に苛《さいな》まれている男性は少なくないだろう。

労働関連法令も就業規則もないがしろにし、人事権の濫用による配置転換や出向・転籍、違法な退職強要がまかり通る職場で、管理職ポストを死守するために卑怯《ひきょう》な手段を使った男性が、虚《むな》しそうに打ち明けた冒頭の言葉が心に重くのしかかった。

また、非正規からキャリアアップできずに追い詰められた別の男性はやがて、現実から逃れるように悪質な労働環境に陥ってしまう。企業のたび重なる巧妙なリストラ策で自主退職（自己都合退職）に追い込まれて自己を見失った男性は、かつて職場で自身が犯したある重大な〝罪〟にもだえ苦しんでいた。

すなわち、会社と正々堂々と闘えないまま、道理にもとる行動に出たり、虚《うつ》ろで不可解な心情を吐露《とろ》したりする男たちが近年、急増しているのである。

彼らはいったい、何に侵《おか》されているのか——。

突然、後ろから刺された——

東京都心の喫茶室で向き合う、前川浩治さん（仮名、四十三歳）は、三十分近く押し黙った後、意を決したように、ようやく重い口を開いた。

「ある日突然、後ろから刺されたようなもんですよ。グサッとね……」

難関私立大学を卒業後、不動産会社に入社。就職氷河期の最中《さなか》、精力的に百社以上を回り、自ら優秀な成績や学生会活動でのリーダーシップを売り込んで、いち早く内定を勝ち取った。順当に昇進も重ね、二年前、郊外に商業施設を開発する重要プロジェクトのマネジャー（課長職）を任される。だが、景気低迷で入居を予定していたテナントが次々と撤退するなどプロジェクトは難航し、結局一年余りで頓挫《とんざ》することになってしまった。その直後、意気消沈する前川さんは、直属の上司からさらなる一撃を食らうのだ。

「ちょっと楽な仕事をしてみないか？　ってね。つまり、子会社への出向です……『ごくろうさん』のひと言もなく、いきなりですよ。給与が下がるだけじゃなくて、この時期、僕の年齢で出向したら、もう本社に戻ってこられる見込みはない。ショック、とかいう次元じゃない。

目の前が真っ暗……人生で初めて、死にたい、って思いましたね」

前川さんはテーブルの上に視線を落としたまま、そう言い終えると、コップに半分ほど残っていた水を一気に飲み干した。そして、深呼吸をしてから顔を上げ、言葉を継いだ。

「そいつ……上司はとんでもない管理職だったんですよ。部下の手柄を横取りし、経営陣にはゴマすりして……。僕は仕事にも自信があったし、上司にも言うべき時は意見してたから、もともと目をつけられていたんでしょうね。人事考課も、いつの間にかそれまでもらったことのない『D』（五段階評価で下から二番目）に下がっていて……。本当に、殺してやりたくなりました」

「死にたい」「殺してやりたい」――。究極の二つの行為への願望。尋常ならざる発言に、しばし問う言葉を失う。

うつ病発症から〝企《たくら》み〟へ

油断した。前川さんからごくわずかの間、視線を外《はず》してしまった。そうして戻した時、そこにはもう、もだえ苦しむ面持ちの男性はどこにもいなかった。能面のような無表情に、奇妙な違和感を覚える。

「お腹空《す》いちゃったな。すみませーん、チョコレートパフェ追加で。まだ薬を飲んでるんで、酒を控えるように言われていてね。だから、甘党になってしまったんですよ」

　前川さんは運ばれてきたデザートをパクパクと食べ、口の周りに付いたチョコアイスを気にすることもなく、その後の経緯を高揚した調子で話し始めた。

「それで……心をやられちゃったんですよ。鬱屈《うっくつ》した気分で朝起き上がることができなくてね。何度かは出社しようとしたんです。でも電車に乗ることができず、帰ってきてしまって……。そんな状態が一週間近く続いて、妻に精神科に連れて行かれました。そしたら、軽度のうつ病、だということで……。結局、一ヵ月、休職することになったんです。でも……でもね、仕事を休んじゃったら、なんか元気が出てきたというか、いろんなアイデアが浮かんできて……ハッハッ……あーおいしかった！」

　表情は全く変わらず、言葉だけが跳《は》ねている。冷笑も不可解だった。どんな些細《ささい》な変化も見逃さない覚悟で、慎重に問う。

「アイデア、というのはどういうことですか？」

「…………」

「差し支えなかったら……興味があるんですけれど……」

「しょうがないな……ちょっとした企み、ですよ。じゃあ、教えてあげましょうか」

脅しでポストを死守

「えへっ、あ、はー……ハッハッハッ……」

前川さんは突然、高笑いを始めた。それも数分間にわたって。頰《ほお》が次第に紅潮してゆく。周囲の席を埋めていた喫茶室の客たちが、いぶかしげにこちらに目を向ける。それまで多種多様な幾多《いくた》の男女を取材してきたが、数時間のインタビューの間に、これほど異なる「顔」を見せた相手は初めてだった。

「ポ、ス、ト……会社での地位を誰にも奪われたくなかった。だって、そうでしょ。簡単に大量入社したバブル入社組と違って、僕たち団塊ジュニア世代はとても厳しい、厳しい競争を勝ち抜いてきたんです。入社後も不況で経営が傾くなか、長時間労働にも耐え続けて、それでやっと課長職を手にしたんです。それなのに、今やすやすと役職を手放してたまるもんか、ってね。ハッハッ……」

なかなか「企み」の中身には入ってくれない。その前に、どうしてもバブル世代への恨《うら》み辛《つら》みを吐《は》き出しておかないと気が済まないようだった。

「それと、バブル君たちの惨《みじ》めな姿が……アハッ……ああは絶対になりたくねえ、って、背中を押してくれたんですよ」

「バブル君たちの惨めな……というと？」

「二、三年ぐらい前から正社員のリストラが始まって、バブル入社組が標的になってましたからね。もちろん、会社には正当に解雇できる理由はないから、経験のない部署に異動させたり、高過ぎる目標を設定させたりして考課結果を落としてから、出向・転籍、最終的に自主退職に追い込む、って感じで……。まあ、プロジェクトに必死だったから、うっかりしてたんですよ、もう自分の世代にまで下りてきてたことを……ハッハッハ……」

「それで……な、（ぜ）」と、核心の質問に入ろうとした、その時だった。

「お、ど、し、たんです。ほかに比べると業績のいい部署のぶ、ちょう、さん、をね」

大きく、ゆっくりと、歌舞伎役者が目を見開くような形相《ぎょうそう》に、仰《の》け反《ぞ》りたくなるのを懸命にこらえた。

ネタは部長の不祥事

時折、引きつった笑い声を交えながら、終始前のめりに、前川さんが語った衝撃の告白の概略はこうだ。

休職期間中の中盤、彼は比較的業績の良い他部署の部長の醜聞《しゅうぶん》を掴《つか》み、それをネタに課長職のままそこに異動するという、彼曰《いわ》く「妙案」を思いつく。その部署は分譲マンションを手掛ける部署で、近頃流行《はや》りの保育ルームを併設したマンション開発プロジェクトが進行していた。

当初は、社内でも密《ひそ》かに噂《うわさ》になっていた、部長が「酒に酔うと、接待の席でついた女の子の身体《からだ》を触ったりする」という隙《すき》多き女性関係を徹底的に洗う計画、のはずだった。さっそく、探偵事務所に部長の素行調査を依頼。金曜日の夜、二週にわたって尾行したところ、いとも簡単にある不祥事が見つかった。それは、狙っていた女性関係ではなく、彼にとってはより「好都合」な、競合他社への顧客情報の漏洩《ろうえい》だったのだ。厳密に言うと、数枚の写真の付いた調査報告書が挙がってきた時点では、彼もその部長が顔馴染みのライバル会社の部長と銀座のクラブで会って書類を手渡ししていた、というところまでを知っただけ、ということになる。

その時点でいける、と踏んだ前川さんは職場復帰早々、行動に出る。所属部署の部長には、子会社への出向を体調面を理由に延期にさせたうえで、探偵事務所から挙がってきた証拠を手に、ターゲットである他部署の部長に接触した。そして、「とんとん拍子に」彼の策略は成功する。ある社員を身代わりにして――。

すべて説明し終えると、前川さんの面持ちがまた急速に変化する。目が泳いでいる。今度は上司に「後ろから刺された」時に見せた、憔悴《しょうすい》し切ったそれ、に戻っていた。再び沈黙が訪れる。五分、十分、十五分……。質問の言葉を頭に浮かべては掻《か》き消し、という作業を繰り返しながら、結局は最初に思い立った疑問、に戻っていく。やはりこれしかない。肝《きも》を据えて言葉を放つ。

「前川さん、失礼な言い方かもしれませんが……それは、卑怯、じゃないですか？」

「…………」

途端、前川さんは貝のように口を閉ざした。

血の通っている人間であれば、誰しもが十分にわかっていることを敢《あ》えて聞いてしまった。その不甲斐《ふがい》なさからいたたまれなくなり、私は思わず、トイレに行くと言って中座してしまう。気を取り直して戻ると、もうそこに彼の姿はなかった。私は椅子にくずおれるように座ったまま、しばらく立ち上がることができなかった。

予想していた通り、それ以降、前川さんとは全く連絡が取れなくなる。勤務する会社名は聞いていたが、「権力」への取材と異なり、市井《しせい》の人々へのインタビューでは待ち伏せという手段は取らないことを鉄則としてきた。あくまでも相手が話す気になってくれるのを待つしかないのだ。前川さんから道を踏み外した行動の全容を突き付けられながらも、雲を摑むような感覚にとらわれたまま、淡々と過ぎゆく時間に身を委ねることしかできなかった。

そうして、八ヵ月近く過ぎた頃、やっと電話が入った。本人ではなく、妻からだった。

「夫は病に臥《ふ》して、会社を辞めました。一度、会ってやってもらえませんか」——。

感情を押し殺したような、低めでゆっくりとした口調だった。私のなかで何かが覚醒《かくせい》する。

妻に詳細を尋ねることはせず、自宅での面会の約束を取り付けると電話を切った。

同期を切った罪悪感

さいたま市郊外にあるマンションを訪ねると、前川さんはリビングのソファーからゆっくりと立ち上がって軽く頭を下げ、「どうも……連絡をもらっていたのに折り返さなくて、すみませんでした」と迎えてくれた。顔色は優れないが、すべての仮面がはがれたような穏やかな表情に、緊張の糸がぷつりと切れる。

「連日の猛暑日で過ごしづらいですね。あっ……すみません」

事前にある程度整理していた質問項目をいったん白紙に戻し、不意に口から出た言葉が、病床にある人物に掛けるべきものではないことに気づく。

「フフッ、気にしないでください。クーラーの利いた家の中にいると、外の暑さはニュースでしかわかりません。避暑には絶好ですよ。ハッハッ……」

笑いを交えて話せるということは、病状は回復しているということなのか。しばらくしてから、本題の口火を切ったのは前川さんだった。

「実は……あの手で出向を免《まぬが》れて、マンション開発の部署に課長職のまま横滑りして二、三ヵ月ぐらいしてから、周りの自分を見る目が気になり出しまして……ちょうど前に奥田さんに会った頃ですかね。もちろん真相はあの部長しか知りません。でも、何かやばいことがあったというのは、わかりますからね。それで……息が詰まるようになって……。いや、違う……あっ、はぁー……」

最後に大きく深いため息を漏《も》らしてから、彼は座っていたソファーからずり落ちるようにフローリングに尻をつき、天井を見上げて静かに目を閉じた。

待つこと数分間、顔をこちらに向けた前川さんの瞳は潤《うる》んでいた。

「ど、う、き……僕の身代わりに会社から切られたのは、同期、だったんです。入社してから三年間、同じ営業部にいて、過酷な仕事も互いに励まし合いながら乗り越えました。ここ十年ぐらいは交流していなかったけれど、僕はいつも彼のことを意識していて、ライバル視しながらも、彼が頑張っているから僕も頑張れたんだと思う。それなのに……ぼ、く、は……彼が、犠牲になる可能性が高いことを、わかっていながら……。その、ことが……どうにも、耐えられなかった。つらかった……」

彼の目から幾筋《いくすじ》もの涙がこぼれ落ちた。

前川さんの代わりに子会社への出向を命じられた同期社員は、駐車場管理業務に就いていたが、出向先の上司から過大な目標設定をさせられて人事考課が最低評価まで下がり、その結果を理由に自主退職へと追い込まれた。妻と子どもと三人で、実家のある北海道に戻ったという。その後の消息はわからないらしい。

前川さん自身は強い罪悪感に苛まれ、快方に向かっていた心の病が悪化、一時期は入院を余儀なくされた。そして入院直後、退職届を郵送で会社に提出した。

頰に残った滴《しずく》を手の甲でさっと払うと、彼はこう続けた。

「奥田さん、前に会った時、卑怯、だって言いましたよね。全くその通り、です。僕はとんでもないことをしでかしてしまった。謝ったところで決して許されることのない、一生拭《ぬぐ》い去ることのできない悪行なんです」

職場の地位へのこだわり

「…………」

——尋ねるなら今だ。

「前川さん、どうして、そこまでして、会社に残りたかったのですか？」

「無理せず、話せることだけでいいので、教えてもらえませんか？」

「たぶん……役職ポストに就いていることだけが、仕事を続けるモチベーションだったのでしょうね。職場の地位にこだわり過ぎていたんです。若い頃は顧客に喜んでもらいたい思いが強かったのに、いつの間にかそんな志なんて捨ててしまっていたんだと思います」

「じゃあ、なぜ、自分の実績を主張して、真正面から会社と闘わなかったのですか？」

「会社と闘ったって、無駄ですよ。僕だって最初は就業規則を何度も読み返して、何とか生き残る道はないかと考えました。でも……結局、すべては裏ルールがまかり通るんですから。経営者や上司が決めたことは、どんなに不当であっても逆らえないということです」

前川さんはそう、虚ろな表情でため息交じりにささやいた。

妻の支えで改心

電話をもらってからというもの、夫の激変する状況をどう捉えているのか、ぜひ妻からも話を聞きたいと思っていた。だが、うまく切り出せない。どうしたらいいか、考えを巡らせていた、その時だった。

「陽子（仮名）、もういいよ」

前川さんが妻を呼んだ。自宅に迎え入れてくれた後、姿を消していた妻がリビングに入ってきた。ためらいがちに夫の隣に腰を下ろす。

「僕が今回の一件を悔い改め、少しずつでも前に進んでいかなければならないと思えるようになったのは、妻の支えがあったからなんです。専業主婦だったのに、僕が出向を内示された直後から仕事を探して、老人ホームの管理栄養士として働いてくれて、今では常勤職員です。僕は退職してから半年近く経ってもまだ就職活動が始められていないので、妻が一家の稼ぎ頭なんですよ。それに、奥田さんに会って話してみれば、前向きな気持ちになれるんじゃないか、と言ってくれたのも妻で。なあ？」

彼はそう言って、優しい眼差しを妻に送り、発言を促す。

「夫が、そこまで深刻に思い悩んで精神的に追い詰められているとは、考えてもみませんでした。特に仕事に復帰して新たな部署の課長になってからは……不自然な笑顔や張り詰めた表情が気になっていたのに、うまくいっているのだと思いたい気持ちもあって、話し掛けることさえできていなかったんです。夫が話さなくても、聞き出すべきだったのに……。二人の子どもの育児、教育で忙しいのを理由に、夫から逃げていたのかもしれません。仕事は結婚前にも就いていた職種ですし、そこそこやりがいを感じて働いているんですよ。夫には無理せず、一歩ずつでも社会に出ていってもらえればと思っています」

妻は言い終えると、少し照れくさそうに夫を見やった。妻はおそらく、前川さんの「悪行」をすべて受け入れたうえで、夫と共に未来へと歩む道を選んだのだろう。清楚《せいそ》で控えめながら、背筋を伸ばしてこちらに向き直った姿がとても凛々《りり》しく感じられた。

それから二ヵ月後、前川さんから電話で、地域のまちづくりグループに参加してボランティア活動を始めた、そしてあの一件の犠牲者となって消息不明だった同期の連絡先を捜し当てた、と報告をもらった。

「グループに都市計画プランナーのメンバーもいて、仕事を手伝ってくれないかと言われているんです」

最後にそう、控えめに打ち明けた。前川さんの贖罪《しょくざい》への道は始まったばかりだ。しかし、内容はさることながら、電話の弾んだ声からは、しっかりと前を向いて歩き始めているということがひしひしと伝わってきた。

「男の恥……弱っちい自分が情けなかった」

刑務所のような作業場

仕事に理想を追い求めながらも、年齢を重ねるごとに、非正規雇用から脱することのできない苦悩が高まって働くモチベーションが失《う》せ、悪質な「日雇い派遣」に自ら転落してゆく男性もいる。

南関東の都市部郊外。資材置き場や閉鎖された工場が点在する場所に、その作業場はあった。有坂祐樹さん（仮名、四十一歳）は、最寄り駅から徒歩三十分近くの道のりを迷い、作業開始時刻に遅れてしまった。苛立《いらだ》った面持ちで仁王立ちして待っていた派遣会社社員に案内され、がらんとした工場の外階段から地下の小学校の教室ぐらいの小さな倉庫に入ると、目の前に広がる異様な光景に働く気持ちが行き場を失った。廃棄処分寸前のような古びた木製の長机が数列並べられ、そこには中年らしき男性六十人ほどが、肩がぶつかるほど狭い間隔で座り、黙々と菓子の箱詰め作業をしていた。私語を発する者は誰もいない。紙箱が擦《す》れ合う音のみが響き、冷たい空気が流れる中、二十歳代後半ぐらいの派遣会社社員二人がゆっくりと巡回しながら作業の様子を監視していた。

「テレビドラマで見た刑務所の作業場のようだ」と、有坂さんは思った。だが、ここまで来て後戻りすることはできない。言われるがままに着席し、簡単に手順の説明を受けてから作業に取り掛かった。それから六時間余り、仕事は続いた。持参したペットボトルの水を飲むことも許されない。この間、一回だけ十分間のトイレ休憩があったが、実際には簡易トイレは地上に上がってから数百メートル先にあり、戻ってくると休憩終了時刻を数分過ぎていた。二度の遅刻があったため、二時間分の時給は支給しない。そう一方的に告げられたのは、作業終了直後だった。

ネットの派遣社員求人サイトで見つけた、スーパーのタイムサービスで販売する混合菓子の箱詰め作業の時給は七百八十円と、作業場がある県の当時の最低賃金をわずか三円上回るだけの額。交通費の支給はない。そもそも五日間限定というのは、単日または三十日以内の期間を定めて雇用する派遣労働を原則禁止した二〇一二年改正の労働者派遣法に抵触する。つまり、違法の「日雇い派遣」だった。

「三十五歳以上だと、派遣でもまともな仕事には就けないのが現実なんです。ここまで落ちぶれてしまったか、というのが正直な感想だったかな。でも初日の作業が終わった頃には、何というか……ここにいるのはもう自分じゃない、っていうか……精神がどこか違う次元に飛んじゃって、吹っ切れていたかもしれませんね。アッハッハッ……」

有坂さんは最初に「日雇い派遣」業に従事した時の状況について説明し終えると、苦笑した。自分自身を嘲笑《あざわら》うかのような、高めの乾いた声だった。

やりたい仕事と低待遇の狭間で

九州出身の有坂さんは、東京の有名私立大学入学と同時に上京し、卒業後、テレビ番組制作会社に契約社員として入社した。就職活動ではマスコミ一本に絞り、東京をはじめ、全国のテレビ局や新聞社、出版社など五十〜六十社を受けたが、内定をもらえず、卒業間際になり、新たな番組制作にあたって若手人材を急募していた会社に採用された。正社員での就職は叶《かな》わなかったが、待遇よりも「やりたい仕事」を選んだという。就職難の時期にそこまでマスコミにこだわった理由を質問すると、仕事の内容や目標ではなく、「(地元市役所勤めの)父親が、担当がころころ変わって仕事にやりがいがある、って感じじゃなかったから」とだけ答えた。

入社後、情報番組や旅番組のアシスタント・ディレクター（ＡＤ）の職に就き、仕事に励んだ。業務は毎日深夜にまで及び、休みは月に二、三日程度。三十歳を超えたあたりから、不眠や食欲不振、強い疲労感など身体に不調を覚えるようになる。そして、次はディレクターを任せると上司から言われるのと時を同じくして、腹痛や下痢、便秘を繰り返す過敏性腸症候群と診断され、二週間、欠勤せざるを得なくなった。三十五歳の誕生日を迎える直前の出来事だった。医師からはストレスと不規則な生活が原因で、自律神経にも異常が認められると言われたという。治療で症状は改善して職場に戻ったが、思うように仕事が遂行できず、ディレクターのポジションも同僚に奪われた。結局、復帰から三ヵ月後、自ら辞職を申し出た。

取材場所の都心のコーヒーショップで、身体を斜めに構え、視線を合わせたがらず、どこかそわそわした様子の有坂さんに尋ねてみた。

「最終的に仕事を辞めた理由は、何だったのですか？」

すると、有坂さんはゆっくりと天を仰《あお》いでから初めて正面を向き、こう語り始めた。

「男の恥……」

「えっ？」

「だから……男として弱っちい自分が情けなかったから、じゃないですかね」

「どういうことでしょうか？」

「二十代の頃はテレビの仕事すべてが新鮮で、どんなに過酷な労働環境でも気合を入れて頑張れたんです。でも、三十代になってからは、きつくて……。気持ちで体力をカバーできない……あっ、いや、実際には気持ち自体が失せてしまったのが、身体にきたのかもしれない。社内でも俺と同じように契約社員で入社した同年代の奴らはとっくに正社員のディレクターになっているのに、自分は非正規のADのまま……そんな自分が嫌、だったから……」

二十歳代終わりから、会社には再三にわたって正社員への登用を要望していたが、会社側は業績不振で正社員枠を増やせないため、まずはディレクターになって働きぶりを見てから、の一点張りで、願いを叶えてはくれなかった。また、同年代や年下のテレビ局社員から「顎《あご》で使われている」ように感じ、働く意欲さえも喪失《そうしつ》していったのだという。

いつの間にか、有坂さんはまた姿勢を歪《ゆが》め、膝下《ひざした》を不規則に揺らしながら、うつむき加減で口許《くちもと》を緩めてにやにやしている。

「あのー」と声を掛けた途端、彼は鋭い視線と言葉を投げ返してきた。

「ところで奥田さん、あなたはいくら給料もらっているんですか？　エヘッ……。ちゃんとわかってるんですよ。ハッハッハッ……。いい、ですね。やりたい仕事を、正社員で高い給料もらって、リストラにも遭《あ》わずに続けられて。つらいことなんて何もないでしょう」

そう見られるのは慣れている。だから、あえて口に出して反論することはしない。ただ、いつもはそれほど抱かない切なさをこの時は、強く感じた。

背景に女性不信も

やけを起こしている様子の有坂さんに、これ以上突っ込んで質問するのはためらわれた。この静寂を面白がるように、彼はにやけた表情で逆に、「(独身の) 奥田さんは、男に高望みし過ぎているんでしょ？」「女はみんな、男の金を当てにしていると思いませんか？」などと矢継ぎ早に尋ねてくる。もしかして、いまだ独身の有坂さんが仕事で自信を無くしてしまった背景には、女性との関係も影響しているのではないか。ふとそう直感し、腹の底から声を絞り出した。

「失礼ですけれど、有坂さんは、過去に結婚したいと思った女性はいらっしゃらなかったんですか？」

噴き出し笑いでごまかそうとしたものの、その目がギロッと睨《にら》み返したのをしかと見て取った。

「……ほんと、失礼ですね。まあ、どうせついでだから教えてあげますよ。俺はね、仕事だけじゃなくて、女性にまで裏切られたんです」

「どういうことですか？」

「だから……二十代の頃は正直、モテたし、適当に複数の女の子と同時に付き合ったりもしていたんですよ。時間はなくてもやる気さえあれば、何とでもやりくりできたもんです。でも……三十間近になって真剣に結婚したいな、と初めて思った子に……ひどい仕打ちに遭った。それ以来、全く女性が信じられなくなった、ってことですよ」

有坂さんは二十九歳の時、合コンで出会ったメーカーで広報を担当する女性と交際し、一年近く経った頃、プロポーズの決意を固めた。次回のデートで結婚を申し込もうという段になって、彼はそれまで正社員と偽っていた雇用形態について、実は契約社員であることを彼女に打ち明けた。その瞬間、終始穏やかな笑みを浮かべていた彼女の表情が強張《こわば》り、いきなりあけすけに年収を尋ねてきたのだという。正直に答えると、彼女は無言のまま、逃げるようにその場を立ち去った。

有坂さんが彼女に嘘《うそ》を言っていたことにも非はあるのではないか、とそれとなく思いを探ったが、彼は余程、彼女の対応がショックだったようで、一方的に彼女の言動を責め立てるばかりだった。

「結局は、安い給料の非正規だとわかると、俺を捨てやがった！　仕事ぶりを評価して、応援してくれていると思っていた。彼女だけは俺の味方だと信じていたのに……」

いまだに怒りを露《あらわ》にする一方で、当時、彼女の後を追うことは一切なかったらしい。

「日雇い派遣」への転落

テレビ番組制作会社を退職してから数ヵ月後、有坂さんは転職情報誌を頼りに再就職活動を始めた。が、正社員はもとより、契約社員でも採用には至らなかった。

「それまでの経験を生かしたかったから、テレビ番組やCMの制作会社を受けたんですけど……。応募してみると落ちてばかりでおかしいと思って、二、三の会社に電話したら、『年齢的にちょっと……』『若い人を育てたいので……』だって。バカにしてやがる！　情報誌には年齢制限なんて書いてなかったのに……」

結局、再就職活動は三ヵ月でやめてしまった。その後、数年間は派遣会社に登録し、編集プロダクションでの雑誌編集・校正や警備などの仕事をしていたが、彼曰く「本当にやりたい仕事じゃなかったから」、ひとつの職場で一年ともたなかったという。そうして、冒頭で紹介した違法な「日雇い派遣」に携わってしまうのだ。三〜五日間、同じ作業に従事することもあれば、一日限りの仕事もある。倉庫での荷詰め、検品作業のほか、土木、清掃など様々な仕事に就いた。

「人間関係に気を遣《つか》わなくていいから気が楽、というのもあって……。でも、時給など待遇も、仕事内容も、嘘で塗り固められた悲惨な職場ですよ。作業も単純、機械的で、人間じゃなくてもできるものばかり。でも、貯金も使い果たしてしまったし……しょうがないんです。今はもう……生きていることさえ、しんどくなっています……」

一時、鋭かった眼光はもはや見る影もなく、視線がふらふらと空中を泳いでいた。

「自分」に気づかせてくれた奴

その後、一ヵ月に一度の頻度《ひんど》でメールか電話を入れたが、有坂さんは応えてはくれなかった。半年近く過ぎた頃には携帯電話を着信拒否されてしまう。取材途中で連絡が途絶える男性は少なくない。もう有坂さんを追うことはできないかもしれない――。別れた時の、視線がふらつく彼の表情を思い返しては、やるせない気持ちになった。

そうこうしているうちに、私自身も、七年半ぶりの著書となった前作の出版を契機とした職場環境の変化に、生身の人間として、仕事とは、会社とはいったい何なのか、改めて考えさせられることになる。本を通して取材協力者や読者のみなさんに送ったエールの言葉を反芻《はんすう》し、自身を奮い立たせようとはするのだが、どうもうまくいかない。一時期は途方に暮れていた。

そんな時にかけがえのない出会いが訪れる。BS日テレのトーク番組「久米書店」にゲスト出演し、司会の久米宏さん、壇蜜さんをはじめ、制作スタッフのみなさんに温かく迎えてもらった。ひたむきに番組作りに取り組む「チーム」の力に心震え、プロフェッショナルに対する前向きな気持ちを取り戻すことができた。そして、自《おの》ずと有坂さんのことが頭をよぎった。彼はこのような熱く結束したチームに恵まれなかったのか。それとも、自ら仲間たちとつながろうとしなかったのか。ジャーナリストとして、有坂さんの苦しみを見過ごすことはできない。そんな思いに掻《か》き立てられ、彼への接触を再開した。

それから二ヵ月後、三回目のメールにやっと、有坂さんは返信をくれた。

〈本読みましたよ。感動しました〉

自身の近況には触れず、そう短く記してあった。彼とまたつながれたことを実感し、心の奥底から熱いものが込み上げてきた。その十日後、約一年ぶりの再会を果たす。

都心のコーヒーショップに現れた有坂さんは、決して明るい表情とは言えないが、それまで見たことのない柔らかな眼差しに少し救われた気がした。

有坂さんは開口一番、悪質な「日雇い派遣」の仕事を辞めたことを告げた。

「ある現場で大学時代の同級生を見かけて……。奴、派遣会社の社員になっていたんです。それで……自分よりも年上のおじさんに暴言を吐いてこき使ってる姿を見て、ショックを受けたというか……。奴がそんなふうになってしまったのもあるけど、それよりも俺は奴になじられているあのおじさん、と同じなんだということに。そうしたら居ても立ってもいられなくなって、金ももらわず現場を離れました。奴が俺の、自分の置かれている悲惨な労働環境に気づかせてくれたのかもしれません……」

その同級生とはゼミが同じで、よく飲みに行ったりした気心の知れた仲間だった。卒業後、電機メーカーに就職し、地方都市に転勤になってからは音信不通だったという。

「どう妥協すればいいのか……」

「日雇い派遣」から脱しても稼ぎ口の見つからない有坂さんは、とうとう家賃を支払えないばかりかその日の食事代にも困るようになり、ネットで生活困窮《こんきゅう》者の支援を行う、あるNPO法人の相談窓口に助けを求める。NPOが運営する宿泊所で暮らしながら、就職のための面談や研修を受け、求職活動を続けて二ヵ月近くが経つという。

「(テレビ番組制作の)会社を辞めてから自暴自棄になっていた時期は、自分にとっての働く意味さえわかっていなかったんです。確かに、視聴者に心から楽しんでもらい、視聴率の高い番組を作るという夢はあったけど、結局は幻想に近かったのかもしれない。それに……会社の上司やテレビ局の連中、女性にも……周りからどう見られているのか、が気になって仕方がなかった。でも今は……まずは、やりたいことよりも、自分ができる仕事で、こんな自分でも必要としてくれる会社に就職したいと思っています。実家の家族にも堂々と報告できるように」

この時になって初めて知ったのだが、有坂さんは会社を辞めてからもずっと、都心の家賃月額十万円のマンションに住み続けていたのだという。九州にいる両親と兄には、まだNPOの宿泊所に移ったことは伝えていないらしい。

私が質問をしなくても、有坂さんは次々と自分から言葉を継いでゆく。

「でも……実はまだ……わからないことがあるんです。与えられた仕事に、いや、自分の仕事ぶりといったほうがいいかな、それに納得できない場合に、どう妥協すればいいのか……。まあ、どんどん年を食って不利になる一方だから、ほんとはそんなこと考えている場合じゃないんですけれど……」

有坂さんの前途に立ちはだかる壁は、決して低くないだろう。だが、苦しみ、試行錯誤しながらも、自ら仕事を求めて人とつながろうとしている。終始姿勢を正し、真摯《しんし》な眼差しを向ける彼から、そう感じた。

依然厳しい労働環境

総務省の二〇一四年「労働力調査」年報によると、正規雇用の労働者は三千二百八十七万人(前年比十五万人減)と七年連続で減少する一方で、非正規雇用の労働者は千九百六十二万人(同五十六万人増)で五年連続の増加となった。非正規労働者は、役員を除く雇用者総数の三七・四％に上り、一九八四年の調査開始以来、過去最高の割合を更新した。

実に男性の五人に一人が非正規だ（男性の雇用者総数に占める非正規の割合は、二一・七％）。男性の非正規労働者のうち「三十五〜四十四歳」（前年比三万人増）と「四十五〜五十四歳」（同三万人増）を合わせると二〇・八％に上り、いずれの年齢区分も前年比の増加率は、定年後の「六十五歳以上」に次いで高くなっており、中年男性の非正規の増加が際立っている。

転職活動での年齢の壁や、非正規から正規雇用へのキャリアアップの難しさなどから、違法な「日雇い派遣」に行き着く中年男性は少なくない。国は人材派遣会社の現状を徹底的に調査し、違法行為に対しては許可取り消しや事業停止命令などの行政処分、罰則を強化するべきである。

安倍首相は二〇一五年九月の記者会見で、「アベノミクスは第二ステージに移る」と述べ、社会保障など新たな重点政策「新三本の矢」を発表したが、実際には景気回復やデフレ脱却といった「第一ステージ」の達成は道半ばで、肝心の市井の人々の暮らしはいっこうに良くなっていない。庶民が生活に安心を得られるような政策効果には至っていないのだ。大手企業の業績こそ上向き傾向にあるものの、中小企業はそうはなっていない。

働く人個々人で見ても、たとえ大手企業であっても恩恵を受けているのは役員たちだけで、役員報酬と一般社員給与の収入格差は歴然としている。国税庁の二〇一四年分「民間給与実態統計調査」では、資本金一億円以上の企業の場合、年間の役員の平均給与（役員報酬を指す）は千三百二十四万七千円と、正規社員の平均給与（五百三十一万円）の二・五倍、非正規社員の平均給与（百八十七万円）の七倍にも上る。また、厚生労働省が二〇一六年二月に発表した「毎月勤労統計調査」二〇一五年分結果によると、労働者一人当たりの実質賃金（平均賃金に物価変動を反映）は、前年より〇・九％減り、四年連続のマイナスとなった。正規、非正規ともに、雇用される側は依然として厳しい労働環境を強いられているのである。

「残酷な現実を俯瞰《ふかん》して冷ややかに笑っている自分がおりまして……」

「研修」先で退職願を

予想だにしなかった手の込んだ策略によって自主退職に追い込まれた挙句、何もかも、生きる望みさえ失った男性は、ある重い十字架を背負っていた。

「来月から人材教育会社に行ってもらうから。二ヵ月、研修を受けてきてくれ」——。

不意に部長から談話室に呼び出され、そう告げられた遠山茂さん（仮名、四十六歳）は思わず、耳を疑った。関連会社で退職勧奨《かんしょう》を受けた社員を対象に、人材コンサルタントが会社に来てキャリア相談を行っている、という噂は聞いたことがあったが、「人材」と名の付く業種の会社へ出向いて行くなど寝耳に水だった。これはリストラなのか、それとも本当に「研修」なのか。電機メーカーの総務部門の課長職に就いてから三年間、揚げ足を取られるような失敗はない。人事考課でも五段階評価で「S」に次ぐ、上から二番目の「A」を維持してきた。もしリストラだとしたら、どうして自分が――。だが、業務命令には従うほかない。遠山さんは、口の先まで出かかった言葉を飲み込んだ。

赴《おもむ》いたのは、会社の公式ウェブサイトによると、人材派遣から社員教育・研修、再就職支援までを展開する企業だった。最初の一週間は、様々な種類のキャリアに関する「適性診断テスト」を受けさせられる。その結果、総務部門が長く、営業や企画、販売の経験に乏しい遠山さんには、「他の会社で、これまで培ってきた実績やノウハウを生かしたほうが良い」という「診断」結果が言い渡された。そして、衝撃も覚めやらぬまま、今、退職願を提出すれば、すぐにこの会社が行う再就職支援サービスを受けられると、その場で勧められる。つまり、「研修」先の実態は〝リストラ請負会社〟だったのだ。再就職支援サービスの利用可能期間はわずか一ヵ月。料金は在籍する会社が支払うものの、そんな短期間で転職先が見つかるとは到底考えられなかった。

「会社の巧妙なリストラ方法に、ただ啞然《あぜん》としました。正当に解雇するには、経済的理由も、私との話し合いも、何もなく、要件を全く満たしていませんから……。でも、不思議と怒りという感情は起こりませんでした。ただ、残酷な現実を俯瞰して眺めているもう一人の自分がおりまして、冷ややかに笑っているのです……」

白のワイシャツ、黒のスーツ姿に青色のネクタイ。ビジネスバッグを持って取材場所のＪＲ横浜駅近くのホテルのロビーに現れた遠山さんは、どこから見ても普通のサラリーマンだった。自主退職に追い込まれてからのこの半年余り無職で、いまだ求職活動への意欲も湧《わ》かない男性とは、喫茶スペースで談笑する周りの誰しもが想像すらできなかっただろう。

〝リストラ代行ビジネス〟の横行

近年、解雇の専門ノウハウを持つ人材コンサルティング会社と契約し、リストラを代行させる企業は増えている。リストラ対象の社員に業務命令として、この時点で「退職」については一切触れずに、社内で人材コンサルタントのキャリア相談を受けさせる、さらには遠山さんのケースのように、「研修」名目で人材コンサル会社に赴かせる……。以前のような「追い出し部屋」に隔離して仕事を与えずに転職先を探させたり、密室に何度も呼び出して数人で取り囲んで執拗に退職を迫ったりする、直接的な方法ではなく、企業自らが手を汚さずに社員を辞職へと導く、その手法はますます巧妙化している。

企業がそこまで謀《はかりごと》を巡らすのは、裁判沙汰になった際に違法な退職強要に問われないようにするためだ。労働契約法で認められている業績不振など経済的理由による解雇（整理解雇）の要件を満たさないケースで社員を解雇したい場合、労使関係にない外部の人材専門会社が現在の会社での職務の継続は不適性である、といった判断を下す。すなわち、専門家からリストラの〝お墨付き〟を得ることで、うまくいけば対象社員が自分から辞職を申し出るように仕向けることができる。少なくとも、法には抵触しない退職勧奨による本人同意のもとでの自主退職で、事が成し遂げられるという思惑がある。

産業医も会社の刺客《しかく》

遠山さんの話に戻そう。ここまで終始、淡白な表情でまるで他人事のように、事前にまとめてきた回答を発表するかのごとく、すらすらと話す物言いが、気になった。

「それで……その『人材教育会社』の言った通りに退職願を書いて、会社に提出したのですか？」

「いいえ」質問の語尾を若干食うほどの、即答だった。

「じゃあ、どうして……」

「お医者さんにまで、騙《だま》されたのです」――。

遠山さんは退職願の提出も、再就職支援サービスの利用も拒否し、予《あらかじ》め定められていた二ヵ月間の「研修」を終え、会社に戻った。部長も名目が「研修」である以上、それを受け入れないわけにはいかない。しかし、数日後、今度は健康対策部門の部長から呼び出され、（遠山さんの所属部の）部長から調子が悪いように聞いているから、と月に二度来社している非常勤の精神科産業医の診察を受けるよう、勧められる。「疲労感はないか」「睡眠はとれているか」「仕事に集中できているか」……十数項目に及ぶ産業医の問診に正直に答えると、下された診断結果は、「うつ病」だった。医師から症状を悪化させないために休養したほうが良いと言われ、遠山さんは「まるで催眠術にかけられたように」、一ヵ月間、休職することになった。

ところが、復職すると、課長ポストは自分よりも入社年次が五期下の社員に奪われてしまっていた。部長は、病状を気遣っての措置だ、と煙《けむ》に巻いたが、職場の人間関係もギクシャクし、自ずと仕事で成果が出せずに人事考課は最低評価の「D」にまで急落する。そして、処遇や考課結果について異議を申し立てることもなく、遠山さんは自ら退職願を出したのだという。無論、その時点で会社が再就職支援などするはずもなかった。

「結局は、会社側の思い通りになったわけです。まあ、さすがに産業医までが悪事に加担しているとは考えておりませんでしたが。しかし、本音を言いますと……ほっとした面もあったのです。辞めてしまえば、私をはめた上司や医師、会社組織と接触しなくてもいいわけですから……。そうして、今、に至るわけであります」

妻からも見放され……

「やはり……一人、が一番気楽です」

自身が経験した悲惨な出来事と、それを淡々と説明する面持ちや話し方とのギャップに困惑していると、遠山さんがそう、ぽつりとこぼした。

「どういうことでしょうか？」

「家内は子どもを連れて出て行きました。家族にも見放されたわけです」

しわひとつないワイシャツ、スーツは、てっきり妻が出かける前に用意してくれたもので、実質的なリストラに遭った後も家族と一緒に暮らしているのだと勘違いしていた。そこまでの苦境に立ちながらも、目の前の遠山さんは表情ひとつ変えず、続ける。

「金の切れ目が縁の切れ目、ということです。家内には『人材教育会社』に通っている間もそのことは伏せていたのですが、『うつ病』と診断されて休職したあたりから、もう危ない、と気づいていたようでして……。退職してからも職探しをしようとしない私を見て、嫌気が差したんでしょう。十年ほど前に購入した自宅の住宅ローン返済のメドも立たず、任意売却することになりました。そして、妻は、失業保険（雇用保険の失業給付）の支給が始まるまでの三ヵ月も待たずに、早々と娘を連れて出て行きました。収入が無くなった私は、もう用無しというわけです」

妻が自宅を後にしてから約一週間後、妻の部分のみ記入済みの離婚届が送り付けられてきた。同封されていたワープロ打ちのＡ４判の紙一枚に記されていたのは、現在中学一年生の娘の親権は妻が持ち、娘が成人するまで養育費を支払うこと、大学までの学費を全額出すこと、さらに娘との面会交流権は認めないこと……。遠山さんにとってはかなり不利な条件だったが、弁護士を立てることもしないで、協議離婚に応じた。

妻と娘は、千葉県内にある妻の実家で生活する。遠山さんは住まいのあった横浜市郊外から神奈川県郡部に移り、家賃月額二万五千円の風呂なし木造アパートに一人で暮らしているという。自ら指定した横浜市の取材場所まで、電車で一時間半以上もかけて出向いてきたことになる。

「どうして離婚する前に奥さんと会って、じっくりと話し合われなかったのですか？」
「奥さんからの要求は、一方的過ぎるとは思われませんでしたか？」
「娘さんと会う権利まで奪われるというのは、つらくないですか？」――。
思わず、質問攻めにしていた。

それでも遠山さんは、一寸たりとも眉をひそめたり、口を尖《とが》らせたりすることはしない。最後に、「仕方ないです」とささやくように答えるだけだった。

自己嫌悪の果ての自殺未遂

遠山さんは、何か肝心なことを胸に秘めたまま、心を固く閉ざしてしまっている。そう直感しながらも、何も聞き出すことのできない己の力不足を痛感させられた。

その後、二、三週間に一度の割合で遠山さんとは電話で話し、状況や心境を尋ねたが、依然として変化は見られなかった。ところが、二ヵ月ほど過ぎた頃、失業保険も切れて貯金を取り崩して生活しているが、娘の養育費や教育費のことを考えると先が見えない、と平坦なトーンながら、悲痛な思いを漏らした。そのわずか数日後、彼から電話が入る。

「みんな大変な世の中ですね。あまり考え過ぎずにやっていこうと思っています」

いつもの無色透明の声とは異なり、やや抑揚がつき、色彩が加わったような話し方だった。遠山さんはやっと少しは前向きな気持ちになれたのではないか、と私は受け止めた。だが、それが大きな間違いであったことに気づくのは、それから一年近く後のことだった。

明るい変化、と捉えてしまった会話を最後に、遠山さんとはぱったりと連絡が途絶えてしまう。取材の継続を諦《あきら》めかけていたある時、突如として彼からの電話を受けたのだ。

「長い間、連絡できずにすみませんでした。実は……お恥ずかしいのですが……じ、自殺を図ってしまいまして……。ようやくこの通り、お話しできる気持ちになりました。一度会って、話を聞いてもらえますか？」

動揺をひた隠しにしつつ、遠山さんの体調を気遣い、お礼を伝えるのが精一杯だった。電話を切った後もしばし、胸の鼓動の高まりは収まらなかった。

前に会った同じホテルの喫茶スペースに、遠山さんはカーキ色のトレーナーに黒のスラックス姿で現れた。物腰穏やかで、何よりも表情があることに心底ほっとする。少しの間、質問の言葉をためらっていると、彼のほうから事の成り行きを明かしてくれた。

「失業保険が切れるしばらく前に、少しだけ求職活動をしたことはあったのですが、面接さえ受けられる会社がなく、うまくいきませんでした。それで……もうこんな自分がとことん嫌になりました。奥田さんに最後に電話した時は、不思議と気持ちが高揚していまして……。死のうとしたのは確か、その二、三日後だったと思います。しかし……突然、あることが頭をよぎって、『このままでは死ねない』と思い返したのです」

遠山さんは、市販の睡眠薬数十錠をウイスキーと一緒に飲み、激しい頭痛や嘔吐《おうと》症状に見舞われた。意識がもうろうとする中、持てる力を振り絞って自分で救急車を呼んだのだという。

パワハラ傍観者の罪

「あるこいと、とは何だったんですか？」

するいと、それまでおぼろげながらも、こちらに向いていた視線が急降下し、私の手元にある
コーヒーカップのあたりで停止した。みるみるうちに表情が強張ってゆく。小刻みに震える唇
を懸命にかみ締め、質問に答えるべきか、自身と格闘しているようにも見えた。

「大丈夫、ですか？」

「……だ、だいじょうぶ、です。それをお話しするために、奥田さんと今、こうして、会って
いるのですから……」

遠山さんはそう言いながら必死に視線を持ち上げ、私を凝視《ぎょうし》した。

「パ、ワ、ハ、ラ、です」

「えっ？　職場でパワハラ（パワー・ハラスメント）も受けていたのですか？」

「いいえ……」

「まさか、誰かにパワハラを行っていたわけじゃないですよね？」

「違います……」

「……………」

「私の上司が私の部下に、パワハラを行っているのを知りながら、知らないフリ、をしていま

した。ただ、傍観していたのです。そして……そんな私のせいで……職場のみんなが〝加害者〟になり……被害者は結局、心と身体を壊して会社を辞めていった。重い罪、を犯してしまいました……悔やんでも悔やみきれません」

その被害者の男性は、企画、判断力など業務処理能力に長《た》け、自分の考えはたとえ上司のものと異なっていても、堂々と発言する部下だった。そんな有能な部下が煙たかったのか、部長がその男性社員に直接、遂行不可能な任務を命じ、達成できないと見るやみなの前で叱責《しっせき》する、一日中コピー取りをさせるなど雑用しか任せない、といった行為を繰り返した。遠山さんは男性社員から幾度となく相談を受けたものの、取り合わず、いつしか会話も控えるようになった。そうして、そのような遠山さんの行動に、右へ倣《なら》え、の状態で、職場の人間がみな揃《そろ》って男性社員を無視する〝村八分〟状態へと追い込んでしまったのだという。

被害男性は、社内のパワハラ相談窓口、労働組合にも救いを求めたが、いずれも何も対処しなかったようだ。そうした行為が人事部を通じて所属部の部長の知るところとなり、逆にパワハラ行為はエスカレートしていく。ついに、男性は精神的に追い詰められて神経性の胃潰瘍《いかいよう》を発病、一ヵ月半ほどの休職を経て自ら退職願を提出した。静かに去り行く男性に労《ねぎら》いの言葉を掛ける社員は誰一人としていなかったらしい。

「断じて許されることではありませんが、生きていれば……もしかして、彼のために、何かできるのではないか、と思ったんです」

「自分に何ができるのか……」

遠山さんは自殺未遂から数ヵ月後、職探しを始めた。ハローワークに連日通い、転職支援会社にも登録したが、採用には至らなかった。そんな折、税理士をしている大学時代の同級生から、中小の電子部品会社を紹介された。契約社員として総務全般を担当し、三ヵ月近く経つ。

「友人から紹介されるまでは、面接に行っても、まず専門スキルを問われまして……。福利厚生や環境対策、会議室管理などが中心だった総務部門での経験はなかなか認めてもらえません。中年の転職では、特定の分野のスペシャリストでないと無理だと痛感しました。まあ、それ以前に、実際には年齢制限で切られていたのでしょうね。今の会社では正社員になれる見込みはほぼないですし、経営状況によってはいつ契約期間の途中で解雇されるかもわかりません。しかし、前よりは……何といいますか……少しは心が落ち着いたように思うのです」

収入は前の会社の半分程度に下がったが、今の仕事について語る遠山さんは、柔和な面持ちに戻っていた。そして、はっきりとした口調でこう言い切った。

「パワハラの被害を受けた元部下の男性に会って、まずは謝りたいと心に決めています」

別れた家族とのことはどう考えているのか。

「家内、いや元妻とヨリを戻すことは難しいでしょうが、できれば電話でもいいから一度話したい。うまく言えませんが……私としては反省すべき点は反省したうえで、彼女の心中《しんちゅう》をわずかでもいいから知りたいし……そのことで私自身の気持ちも整理できるのではないかと。それから何よりも、娘にはぜひ会って――娘とは小学校高学年あたりから、思いや悩みを聞いてやるなどコミュニケーションを取る努力をしていませんでしたから――父親として至らなかったことを詫《わ》びたいです。しかし……まだ、元部下の男性にも、娘にも、自分に何ができるのか、わからない。自信がないんです。非常にもどかしいのですが……」

そう言い終えると、遠山さんはかすかに笑みを浮かべた。それまで見せたことのない明るい表情だった。

会社と「闘えない」男たち

取材を通し、仕事がいかに男たちの自尊心を担保し、また一方で自己否定につながり兼ねない危険因子となっているか、痛いほど思い知らされた。

自分はいったい、何のために働いているのか――。職場のパワーゲームに勝利して社会で評価されるため、家族をしっかりと養って妻や子どもから敬《うやま》われるため……といった、団塊世代などに見られるかつて男たちが働く動機となり、ある程度達成してきた目標は、もはや現代社会では、男性の多くにとって実現不可能となっている。その結果、働く意義を見失った男性は、会社と、仕事と闘えず、そんな己を不甲斐ないと自認するがゆえに懊悩《おうのう》していたのである。

こうした旧来の「男らしさ」の規範からは外れている、「闘えない」男たちは、今では「多数派」となっている。詳しくは第5章で述べるが、議論の前提として、その要因を本人たちだけに求めるのは酷《こく》過ぎるであろう。なぜなら、男性を取り巻く職場環境がここ数年だけを見ても激変し、彼らはなおいっそう苦境を強いられているからだ。

理不尽な職場環境

日本企業はその昔、終身雇用、年功序列型賃金制度のもと、家族的な職場風土や仲間意識の中で社員の雇用と生活が保障され、社員の義務と権利のバランスが保たれていた。しかし、一九九〇年代後半から大企業を中心に導入され始め、現在は広く浸透した成果主義人事制度により、職場環境は次第に変化してゆく。職務の個人化が進んで人間関係が希薄化し、処遇面においては制度の根幹をなす人事考課の結果を基に給与や昇進が決められ、同時に進行する管理職ポスト削減も相俟《あいま》って、給与が増えないばかりか減る社員が出始める。成果に見合った賃金、職位・役職で社員の働くモチベーションを高めるというのは成果主義の建て前であって、結局は人件費削減策であることを雇用される側は身をもって知ることとなるのだ。また、産業の活性化を目的としたはずの人材の流動化は実のところ、非正規雇用の労働者を増やすという負の遺産につながった。

そうして、リーマン・ショック以降、景気低迷に頭を痛める企業の人員削減は非正規労働者だけでなく、正社員にまで及ぶ。今ではリストラの対象年齢が四十歳代前半の団塊ジュニア世代にまで広がり、その手法はますます巧妙化してきている。最初に紹介した前川さんが明かしたように、裏ルールがまかり通る職場では、就業規則や社内規定さえ経営者の都合のいいように解釈、または有名無実化され、雇用される側は権利を主張することさえままならない。会社による不当な解雇や不利益な処遇に対し、弁護士を立てて法的手段に訴える場合にはもちろん就業規則などは労働関連法令や判例とともに重要だが、実際には勝訴するケースは少なく、うまく事が運んだとしても、上司や同僚から会社への敵対行為をした危険人物として白い目で見られ続ける。その挙句、自ら辞めざるを得なくなった事例をいくつも見てきた。「会社に目をつけられたら最後」――。残念ながら、これが、現に広がっている理不尽な職場の現実なのだ。

会社側こそ卑劣な手段を改め、安易な人員削減ではなく、マンパワーの有効活用によって企業活動を活性化し、利潤を追求すべく、発想を大きく転換しなければならない。また、やむを得ず整理解雇に踏み切る場合には、対象となる労働者への十分な転職支援を行うことは不可欠である。

国の政策上の問題点も山積している。政府の解雇規制の緩和論議は、さらに企業側に有利に動いているように見える。確かに、解雇しにくいことが成長産業への人材移動を妨げ、経済再生を阻んでいる、という主張にも一理ある。だが、肝心の人材移動の受け皿は未成熟のままだ。たとえリストラに備えて転職のためのスキルを磨いたとしても、流動化する雇用を吸収し得る確固たる産業は皆無に等しい。人手不足の介護・福祉分野を受け皿にするというなら、それ以前にこれらの産業を成長させるために、労働者の待遇改善などへの支援、指導が先決だろう。転職市場が停滞している現状での解雇規制の緩和は、労働者にとって不利に働くばかりだ。

総務省の二〇一二年「就業構造基本調査」によると、十五歳以上人口のうち、企業による「人員整理・勧奨退職のため」離職した男性総数は、二〇一一年十月からの一年間で十六万六千九百人。この一九・九％（三万三千二百人）を占める四十歳代（四十～四十九歳）のうち、二〇一二年十月の調査時点で無職の人は五五・七％（一万八千五百人）に上る。二〇〇七年からの五年間で見ても、この間に「人員整理・勧奨退職のため」離職した男性総数（七十一万千八百人）の二一・〇％（十四万九千六百人）を占める四十歳代のうち、二〇一二年十月の調査時点で二八・五％（四万二千七百人）が無職のままで、再就職の難しさを如実に物語っている。

なぜ現実と向き合えないのか

今から数年前までは、男たちはつらいながらも、厳しい現状を懸命に受け止め、それに立ち向かうべく努力していたように思う。しかしながら、今では、男性の多くが自身の前に立ちはだかる現実から目を背け、会社や仕事と真っ向から向き合えなくなってしまっている。周囲に自分同様、理想と現実の狭間で苦悩する者が少しずつ増えるにつれ、現状を受け入れようと努める気持ちが生まれ、いったんは伝統的な「男」の呪縛《じゅばく》から解き放たれつつあった男たちを、理不尽で過酷な労働環境が再び過去の囚《とら》われへと揺り戻しているように感じられた。つまり、理想の実現性が極めて低くなったことでさらなる敗北感に苛まれ、「男はこうあるべき」という規範が脳裏に蘇る。その結果、自己否定感を強めてゆくのだ。

だが、そもそも彼らが自己を否定する判断基準は、社会や他者が一方的に押しつけた規準であり、世間の目にただ翻弄《ほんろう》されているように思えてならなかった。

どれほど苦しくても冷酷《れいこく》な組織を直視し、「男」の規範に惑わされずに会社と、仕事と、「闘い」つつ、「折り合い」をつけることはできないものか。

そのためにはどうすればいいのか――。第5章で考えたい。

第2章　妻の不実

——家の〝主〟と相まみえない

「嫁さんが浮気をしていて……騙《だま》されているフリをしていますよ」

夫婦間に重大な亀裂が生じるきっかけは、夫の浮気や暴力、借金などだけではない。妻側にだって要因はあり、彼女たちの不誠実な行為が密《ひそ》かに進行していることをご存知だろうか。

妻の不倫を知りながら、知らないフリを装っている男性が投げやりに漏《も》らした言葉に、瞬時にして背筋に悪寒《おかん》が走った。苦境に立たされている職場で日夜仕事にいそしんでも、妻から一家の大黒柱としてそれほど期待されていないことに我慢せざるを得ない男たちの悲哀は、十数年に及ぶ取材で十二分に理解してきたつもりだ。しかしながら、ここに来て、妻の不貞行為にまで目をつぶるという、にわかには信じ難い男たちの奇異な行動に心乱されてしまったのだ。

ほかにも、夫に構ってもらいたいがために子どもを犠牲にする妻や、思い通りにならない夫にある〝犯罪行為〟を行う妻……。

今や家庭の〝主〟と化した妻の不実を目の当たりにしながら、ただ立ちすくむだけ。そんな男性が最近、増えているのである。男たちはなぜ、妻に対して何も「できない」のか――。その深層心理には、彼らなりの複雑怪奇な理由《わけ》が隠されていた。

妻の〝婚外恋愛〟

妻の浮気に平静を装う男たちを取材したいと思い立ったのは、今から四年前、ある女性との出会いがきっかけだった。

恭子さん（仮名、四十一歳）は、横浜市郊外の閑静な住宅地にある戸建て住宅に、IT関連企業に勤める二歳年上の夫、中学一年生の長女、小学五年生の長男と暮らす主婦。週末の昼下がり、自宅最寄り駅前のカフェに現れた恭子さんは、毛先をカールさせたセミロングの髪に、しっかりと「ナチュラルメイク」を施し、服装は膝上スレスレの丈の紺色フレアスカートに、白のブラウス、ペパーミントグリーンのカーディガン。まるで主婦に人気の某女性誌に登場する読者モデルのようだった。

「ウフッ、『恋愛』ですよ。だって、結婚したって、子どもがいたって、いつまでも女でいたいもの。旦那なんて、私のことをちっとも女として見てくれない。仕事が忙しい、忙しい、って私の話をろくに聞いてくれないんだもん。だから、今、恋愛をめいっぱい楽しんでいるんですよ」

メールで何度かやりとりはしていたが、「あなたが今、している行為は何ですか」という質問へのこの答えを、眉をひそめず冷静な表情で受け止めるには、相当な努力が必要だった。夫以外の男性と肉体関係にあることについて、何も悪びれることなく、堂々と「恋愛」と宣言する。ひと昔前なら、たいていの女性は言葉を濁《にご》し、「すみません」と誰に言うともなくうつむき加減で答えたものだった。

恭子さんは、大学時代のサークルの先輩だった夫と二十七歳で結婚。住宅設備会社の事務職で働いていたが、結婚と同時に退職した。下の子どもが小学校高学年になったのを機に、パート勤めに出始めた。仕事を再開する数ヵ月前から準備を進め、週に一回、オフィスソフトのパソコン操作を学ぶ教室に通って資格を取得、人材派遣会社に登録して商社に勤務している。一年ほど前から関係を持っている不倫相手は、同じ職場の部長で、既婚者だという。

浮気、いや、彼女の主張に百歩譲って、〝婚外恋愛〟と名づけよう。その動機を聞くと、まず夫婦関係について、語り始めた。

「大学入試も就職も競争が激しくて大変だったから、結婚だって高望みはしていなかったの。十代の頃から男性に好かれる女性を目指して努力してきたお陰で、すんなりプロポーズしてくれたんだから、勝ち組の波に乗らないと『結婚できない痛い女』になってしまうでしょ。旦那が仕事を辞めて家庭に入っていい、って言ってくれてほっとした。すぐに長女を授かって、やっぱり男の子を産んでおかないと姑《しゅうとめ》にどんな小言を聞かされるかわからないから、そこまでは夫ともうまくコミュニケーションを取って夜のほうも頑張ったわ。二人目を出産してから、旦那とはセックスレス。そもそも、旦那との恋愛なんて、結婚した時点で終わっていたんじゃないかしら」

「でも、だからといって……どうして、ご主人以外の男性とそういうことになってしまったんですか？」

せっかく心中《しんちゅう》を明かしてくれている恭子さんの気を悪くさせてしまうのではないか、多少案じながら、恐る恐る聞いてみた。

すると、こちらの懸念をよそに、あっけらかんとした表情で恭子さんはこう言い放った。

「私のことを全然、構ってくれない旦那を、見返してやりたかった……。だから、旦那よりもステータスの高い仕事に就いている男性を選んだんですよ。もちろん、相手が私に興味を持ってくれるように必死に女磨きをして」

彼女の主張に驚愕《きょうがく》し、しばし質問の言葉を失った。だが、これだけは聞いておかねばならない。

「あのー、ご主人は、恭子さんの、そのー……『恋愛』のこと、ご存知なんですか？」

笑った。恭子さんは、にやっと薄笑いを浮かべたのだ。そして、はっきりとした口調で言った。

「とっくに知っているんじゃないかしら。私は夜に家を空けることが増えたし、自分で言うのも何ですけど、きれいになって生き生きしていると思うし……。でも旦那は何も言ってこない。私から子育てや姑との関係、ご近所付き合いの愚痴を聞かされなくなって、逆にスッキリしているんでしょ。ちなみに、旦那と離婚する気は全然ないの。恋愛を始めてからはパート収入なんて自分の洋服代やエステ代であっという間に消えてしまうし、旦那の収入で生活している『主婦』の立場を失いたくないですからね。フフッ」

その後、浮気をしている三十歳代後半から四十歳代半ばの既婚女性たち十数人を取材し、彼女たちの言動に胸騒ぎがした。このうちパート勤務者が八割を超え、浮気相手は既婚者が七割近くを占めた。結婚時、または出産を機に仕事を辞めて家庭に入り、パートの仕事を始めた当初の動機は家計を補うためだったにもかかわらず、結果として家の外に足を踏み出したことで、同じ職場や仕事関係の男性との不貞行為に至ったというケースが多かった。共通点は、不倫相手が夫よりも収入が高い男性であること。それに、みな口をそろえて、「夫は（自分の浮気を）知っていると思うけど、何も言ってこない」「離婚する気は全くない（厳密には、夫が稼ぎ終える定年までは）」と、平然と言ってのけたことだった。

男は「家庭で騙されるのがいい」

恭子さんをはじめ、〝婚外恋愛〟に夢中になる女性たちへの取材を契機に、何としても、そんな妻に対して何も「できない」男たちの心理と環境的要因に迫りたいと思った。だが、言葉は悪いが、「やっている」妻は、女性という特性もあってか、「ここだけの話」としながらも、「匿名だったら何でも話しますよ」と取材に乗り気だったのに比べ、「やられている」夫へのインタビューは思いのほか難航した。当事者には想像した以上に容易にたどり着くのだが、取材交渉に入ると即断られる、の連続。半ば諦《あきら》めかけていた時に遭遇《そうぐう》したのが、建設会社に勤める加藤雄一郎さん（仮名、四十四歳）だった。

もとは第1章で紹介した「会社と闘えない」男たちの取材対象者の一人として出会った。加藤さんは、不採算事業からの撤退で課長を務めていた部署ごとリストラ対象となり、他部署の課長をグループ会社の中小企業に転籍させる代わりに、そこの課長ポストに横滑りした。人事権を握る役員の女性社員へのセクハラ（セクシャル・ハラスメント）をネタに。

「男は会社で騙し、家庭で騙されるのがいいんですよ。あっ、具体的にいうと、嫁さんが浮気をしていましてね……騙されているフリをしている、ということですけどね。仮面夫婦の成れの果てがこれ、ってことですよ」

都心の職場近くでの取材の別れ際、加藤さんが苦々しげにつぶやいた言葉が、鋭く私の胸に突き刺さった。その場はそこまでにして、メールを数回交わした後、本章のテーマでの取材を切り出すと、意外にもすんなり了承してくれた。

自宅は、約十年前に二十年ローンで購入した東京湾岸地域にそびえ立つタワーマンション。そこから数分歩いた場所にあるファミリーレストランに休日の昼過ぎ、ポロシャツにジーンズ姿の加藤さんは、軽快な足取りで現れた。仕事でも家庭でも疲れているはずなのに、取材では一切ネガティブな表情を見せない。常にマイペース、前のめりで話を進めてゆく。

東京の中堅私立大学を卒業後、建設会社に就職。合コンで出会った女性と三十三歳で結婚し、妻は当時勤めていた医療機器メーカーを退社。二人の女の子をもうけ、三十六歳で課長職に就くなど、周りから見れば順風満帆《まんぱん》の人生だった。

ところが、課長ポストを手にした翌年、リーマン・ショックを機に、職場環境は大きく変化する。会社の事業規模は次第に縮小し、ついに加藤さんの所属する部署の社員は、部長を除いてほとんどが、待遇の悪い畑違いの閑職への配置転換か、退職勧奨《かんしょう》を受ける。そこで、リストラ対象となった加藤さんは「騙し」の一手に出るのだ。良心の呵責《かしやく》に苛《さいな》まれながらも、「仕事のプライドを守り、それが家族のためにもなったと思っていた」彼を待ち受けていたのは、家には寝に帰るだけで週末も出勤する夫に対し、就学前の子ども二人を抱えて日増しに不満を募らせていた妻からの、本人にとってはいわれのない攻撃だった。

「不況でも俺の稼ぎだけで食えていることに感謝せず、仕事でくたくたになって帰ってくる俺を気遣うこともなく、『家庭のことをもっと考えて』『私がどれだけ大変だと思ってるのよ』なんて、非難の〝マシンガントーク〟ですよ。もううんざり！　顔を見るのも嫌気が差して、俺が嫁さんに話し掛けることはほとんど無くなりましたね」

「会話が無いということは……その ー、失礼ですけれど、夜のほうも……」

「ああ、もちろん、ずっとセックスレスですよ。まず母親になって、嫁さんのことを『女』として見られなくなった。それからさっき言ったもめ事で、全く気持ちが離れてしまったから。それに……女性の奥田さんに言うのも何ですけど、男もこの年になって心身ともに疲れ果てていたら、性欲もだんだん落ちてくるもんなんですよ。一ヵ月に一度ぐらいかな、家族が寝静まった深夜、リビングの片隅で処理してます。でもそれもなんか情けなくて、ちょっとだけ風俗に通ったことはありましたけどね」

「…………」そこまでは尋ねていない、妻とのセックスレス男性の生々しい現状報告に呆気《あっけ》にとられていた、その時、だった。

「それでね。嫁よ、何か、ほかのことに気を向けてくれよ……ハハッ、ちょうどそう思っていた時だったんですよ……」

努めて笑い飛ばそうとはしているものの、それまで明るかった表情がこころなしか曇ったのを、私は見逃さなかった。聞くなら今だ——。

「その時、奥さんの異変に気づいたのですか？」

この質問が、リズミカルな口調を瞬《またた》く間に崩した。視線を外し、しばらく唇をかみ締めてから、加藤さんはややトーンを低めた声、速度を落とした話し方で、思いもよらぬ告白を始めた。

夫の「復讐」

「嫁さんが徐々に『女』に変わっていくんですよ。次女が小学三年生に進級する直前から、『これからかかる教育費の足しにでも』とか言って、総合病院の医療事務のパートで働き始めたんですけれど、それからね。結婚してからワンピースなんてほとんど着たことなかったのに、服装に気を遣って、化粧にも時間をかけて、うきうきした表情で……。極めつけは、職場の仲間やママ友との食事会とか言って、たびたび帰りが遅くなったことかな。まあ、うるさく攻撃してこなくなって、せいせいしていたんですけどね。それで……それでね。プロに証拠を掴《つか》ませた、ってわけですよ」

加藤さんは、掃除から結婚式への親族としての代理出席、素行調査まで幅広く手掛ける「便利屋」に妻の尾行を依頼した。妻が病院から退勤する夕刻から夜十時まで、平日二日間の予定で、調査費用は四十万円余り。調査初日の夜にあっけなく、妻が中年男性と二人、高級ホテルの同室に互いに身体《からだ》を密着させた姿で入っていく様子を写真に押さえたのだという。残りの調査費分は、その男性の素性を明らかにするのに費やした。妻の不倫相手は、同じ病院に勤務する四十歳代後半の妻子ある医師だった。

どうして、妻の裏切り行為を直接問いただすことなく、裏で妻の素行を調べるという同類の背信行為に走ってしまったのか。この時点で質問するのも酷《こく》な気がして、懸命に言葉を飲み込んだ。すると、彼のほうから、自発的に答えを返してくれた。

「『復讐』——目には目を、歯には歯を、って言うでしょ。俺が浮気するのもいろいろと面倒だし。亭主を騙してるつもりで、浮気をエンジョイしている嫁さんを見物してるのも、面白いもんですよ。ハッハッハッ……」

いつしか加藤さんは陽気な口調に戻っている。

この男性は、つらさや哀しみ、罪悪感といったネガティブな感情を葬り去ってしまったのか。それとも、己の取材力が至らないのか。相手の苦しみを受け止め、理解できる見込みがなければ、この時点で取材自体を終えなければならない。どうしたらいいのか、心がさまよっていた時だった。

「奥田さんは、確か独身でしたよね。一度も結婚したことのない、未婚、っていうの？　だから、夫婦のことは何もわかりっこないですよ！」

——ここはどう切り抜けようか。

なぜ「騙されたフリ」をするのか

「まあー、プライベートなそのへんのことは不徳の致すところですけれどね、フフッ。でも、例えば犯罪経験がなくても、記者はみんな、事件の犯行動機について取材して書いていますからね」

軽いジャブから、一か八《ばち》か、核心を突くパンチに賭けてみる。

「加藤さん、率直にうかがいます。なぜ、あなたは、奥さんの浮気を見て見ぬフリをしているのですか？　せっかくお会いできたんです。何とか、私が少しは納得できる答えをいただけませんか？」

「…………」彼が沈黙したのは初めてだった。ひと筆描きしたように常に上がっていた口角がみるみるうちに下がっていく。そして表情が消えた。レストランの大きな窓ガラスから海辺にたゆたう小型船を凝視し、ぴくりともしない。二十分以上経った頃だったろうか。夕暮れが訪れ、窓に反射する西日の眩《まぶ》しさにともに目を背けようとした時、加藤さんと視線がぶつかった。その瞳はかすかに潤《うる》んでいるように見えた。もう離さない。しばし目で訴えていると、彼はそれまで聞いたこともないような小さな声でこう、ささやいた。

「〝居、場、所〟が、ほしい、んです……。マイホームで、家庭で、自分が今、ここに居る、ということを確かめられる、在《あ》り処《か》が……。はあー、すみません。これで、失礼します。お勘定頼みますね。じゃあ」

家族連れや若いカップルでにぎわうレストランから、少し肩を落として去って行く加藤さんの背中が、まるでそこだけスポットで暗転したかのようだった。その後ろ姿が、彼の心の闇、のようなものに寄り添いたいという思いを再燃させてくれた。

それまで、妻の不倫をテーマにした取材では夫婦双方への接触は避けてきた。だが、今回ばかりはどうしても、加藤さんの妻の話が聞きたかった。彼に何度も頼んでみたものの、当然のごとく、拒否された。心に靄《もや》がかかったまま、ただ時間だけが過ぎてゆく。二、三ヵ月すると、簡単にでも返信のあったメールでのやりとりさえも叶《かな》わなくなってしまう。

そうして、半年ほど過ぎた頃、携帯からのメールが入った。

〈今、ベッドの上にいます〉――。

夫の病がもたらしたもの

一抹の不安が頭をよぎった。メールには〈胃をやられた〉とだけあった。さっそく翌日の仕事帰り、入院中の病院に加藤さんを見舞った。

彼との間には半世紀もの月日が流れたのかと、錯覚するほどだった。頬《ほお》は痩《や》せこけ、パジャマの袖口から垣間見える腕は、骨に皮だけが付いているようで、そこに突き刺さる点滴の針が痛ましい。頭には薄手のニット帽をかぶっている。

「あっ……ご無沙汰しています」病床からわざわざ連絡をくれたことへのお礼も、病状を尋ねる言葉も、失った。だが、その瞳は眼力を失ってはいるものの、私に何かを訴えかけようとしている。待とう、と思った。数分の沈黙の後、加藤さんは声量に乏しいたどたどしい口調で、こう話し出した。

「今は……嫁さんの、優しさ、に騙されてます。早期で完治する、っていうから……。胃を、ぜんぶ、とっ、ちゃってね。が、ん……胃がん、です。前は嫁さんの気持ちがわからないことを、言い訳に、自分から全然、彼女と向き合おうとしてなかった。後悔して、ます。罰、があたったん、ですかね。嫁さんに、俺がした、ことの……」

心臓の鼓動が急速に高まる。術後の化学療法（抗がん剤投与）が相当つらいのだろう。おそらくステージⅡかⅢ、早期でないことは本人が一番わかっているのではないか。

「でも……大丈夫ですよ。こうして、しっかり治療されているわけですから……」

それ以上、掛ける言葉を見失ってしまっていた矢先、妻がタオルを抱えて病室に入ってきた。ファンデーションを薄く付けた程度の化粧に、白シャツ、紺のカーディガン、ベージュのチノパン姿。加藤さんから話を聞いて勝手に想像していた「嫁さん」のイメージとはかけ離れていた。面会時間はあと三十分を切っている。妻に尋ねるなら今しかない、と思った瞬間だった。

「奥田さん、ちょっといいですか」

そう妻が加藤さんに聞こえないように、小声でつぶやいた。視線が私を病室の外へと誘導している。操り人形のように従った。

ひと一人いない、夜の外来の待合室。長いすに横並びに座り、呼吸を整える。

「ご主人、大変でしたね。ずっと付き添っていらっしゃるんですか？」

「…………」

「お子さんは……ちゃんと家でお留守番ですか？」

「…………」

「あのー」

「すみません」明瞭で待合室に響く声だった。それまで冷静そうに見えた妻の横顔が、いつしか赤らんでいる。

「私が、全部いけないんです。主人からたぶん聞いていらっしゃいますよね。奥田さんは俺の心を裸にするからこわい、って昨日笑ってましたから……。わ、た、し、が、主人を裏切ったから……天罰、が、下ったんだ、と思い、ます」妻がむせび泣く。

ただ彼女の背中をさすり続けることしかできなかった。面会時間終了十分前のアナウンスが院内に流れる。と、彼女は意を決したように顔を上げ、思いの丈《たけ》を語った。

「五〇％、と言われました。五年、生存率です。こうなってしまわないと、主人と向き合えないなんて……。で、でも……生きる半分、の望みに賭けてみたい。神様が最後にくれたチャンスだと思うんです。誠の夫婦として、やり直すようにとの……」

「奥さんも……それなりの理由が、おありだったんですよね？」

「……絶対に〝負け犬〟になんかならない、って決めていたから……結婚して、家庭に入った時は、勝ち誇ってたんです。な、なのに……いつの間にか、世の中では仕事と家庭を両立する女性が偉い、みたいな風潮になって……。主人の仕事のことを理解しようと努力さえせずに、八つ当たりばかりで……。つ、つらかったんです」

これまでに加藤さん夫妻が事のいきさつをどれくらい打ち明け合ったのかは、わからない。心の痛みを伴う本格的な共同作業は、これからなのかもしれない。しかしながら、間違いなく二人は互いに抗《あらが》う関係から、ともに寄り添う夫婦に変貌《へんぼう》していた。

病院を後にし、最寄り駅までの夜道を満月が煌々《こうこう》と照らしていた、ところまでは覚えている。が、帰宅までの記憶をどうしても手繰《たぐ》り寄せることができない。その代わり、妻の悲痛な叫びが、いまだ耳にこびりついて離れないでいる。

「こうなってしまわないと、主人と向き合えないなんて……」

「僕が期待に応えられなかったから、
妻は娘にあんなひどいことを……」

妻がわが子に「医療虐待」

妻の夫に対する不実は、浮気だけではない。夫への不満やストレスのはけ口として、かけがえのない存在であるはずのわが子を犠牲にする妻が秘めやかに増えているのだ。その背景には、夫婦間の深い事情が隠されていた。

精神科医になってから二十年余り、その中年の男性精神科医は、三歳の女児とともに救急車で運び込まれてベッドに横たわる憔悴《しょうすい》し切った女性、藤村紗江さん（仮名、三十七歳）を診《み》て、愕然《がくぜん》とした。顔は青白く、目の下にはクマが目立つ。近隣住民の通報を受けて駆けつけた救急隊員から引き継ぎを受けた救急医に、母親が子どもに覆いかぶさるようにして泣き叫んでいた、という異様な状況は聞かされていた。女児には重度の下痢《げり》、嘔吐《おうと》症状があり、応急処置後、小児病棟に移されて治療を受けている。

「代理ミュンヒハウゼン症候群」――。周囲の気を引くために自ら虚偽の病気を訴えたり、薬物の過剰摂取などによって症状をつくり出したりして、医療機関での治療を繰り返す「ミュンヒハウゼン症候群」を、わが子など他者を使って行う、つまり医療的虐待の一種だ。その精神科医は国内外の学会の症例報告などでは耳にしていたが、自身が患者を治療するのは初めてのことだった。

気分障害や人格障害を伴うことが多いとされるが、紗江さんの場合は躁《そう》うつ症状が顕著だったため、約一ヵ月、気分安定薬の投与など集中的な入院治療が行われ、少しずつ精神症状は快方に向かった。この間のカウンセリングなどの精神療法で、女児に故意に下剤を大量に飲ませ、下痢などの症状を引き起こしていたことがわかった。一方、女児は一週間ほどで回復。病院が通報した児童相談所の判断で母子引き離しの措置が取られ、女児は一時期、児童保護施設で保護された後、紗江さんの母親のもとに引き取られた。

精神科医にとって最も気がかりだったのは、夫が病院に一度も姿を見せていないことだった。これほどまでに女児の症状が悪化するまで、紗江さんは代理ミュンヒハウゼン症候群の行為を重ねていたと推測された。それにもかかわらず、同居しているはずの夫はいったい何をしていたのか。精神科医の不審と怒りは募った。

私は精神医療もテーマに取材してきたが、代理ミュンヒハウゼン症候群の患者を現に診ている医師に遭遇したことは、それまで一度もなかった。精神科医から話を聞いたのは、母子が救急搬送されてから一ヵ月半ほど経った頃。紗江さんは退院後も、通院して精神症状の投薬治療と精神療法を受けていた。精神科医によると、退院後は夫とも別居状態が続いているというが、何としても、紗江さんが奇行に陥った要因を探りたかった。精神科医に間に入ってもらって交渉すること約三ヵ月、紗江さんは取材を承諾してくれた。

「夫が私に無関心だったから」

北関東の都市部郊外の私鉄駅前の小さな喫茶店。週末の午後、現れた紗江さんを見て、一瞬、目を疑った。痩身《そうしん》が際立つ色鮮やかな青色のスキニーパンツに、胸元の開いた真っ白のシルク地ブラウス。ゴールドのネックレスが眩《まばゆ》い。赤い口紅とくっきりと引かれたアイライン、エクステ（人工まつ毛）の施された目元が、顔色の白さとつや感をいっそうアピールする。主治医の精神科医から聞いた、病床に臥《ふ》していた彼女のイメージと百八十度異なる姿、面持ちだったのだ。

胸のざわめきを抑えつつ、お礼を述べてから、まずは取材の趣旨を説明する。

「今回の取材は決して、興味本位やセンセーショナルな報道を意図《よう》したものではないんです。紗江さんが残念な行為をしてしまわれた背後に、家族のあり様や社会の変化など何らかの要因が影響しているのではないかと。それを少しでも知りたいと思いまして……」

「ウフッ」紗江さんは少し身体を乗り出して顔を斜めに傾け、まるで女優がカメラのレンズに向かって微笑むようなポーズを取って、こう語り始めた。

「そんなに恐縮しないでください。私だって誰かに話したかったんですから。あの一件があってから女友達の間にはすぐに誇張された噂《うわさ》が広まって、みんな私を避けているし、仕事も辞めてしまったから、話し相手もいなくて……。娘に手を出さないように母から監視されているようで、堅苦しくて仕方ないんですよ」

苦しい胸の内を打ち明けてくれる気持ちになった紗江さんには悪いが、演技しているような気配がどうしても拭《ぬぐ》えなかった。

現在は代理ミュンヒハウゼン症候群の行為は無くなり、精神科に二週間に一回通って、精神安定剤（気分安定薬より弱く、効能・効果も異なる）を処方されているだけと言い、紗江さんは症状の回復を強調した。二ヵ月ほどで児童相談所による母子引き離しの措置が解除され、今は実家で両親と娘と生活している。驚いたのは、肝心の夫は、紗江さんが退院後に賃貸マンションの自宅に戻るのと時を同じくして、家を出て、契約社員として勤める電子部品メーカーの寮で暮らしているということだった。

「つらい出来事を思い出させてしまってすみませんが、どうして、お子さんにそのー、あんなことをしてしまったのだと思われますか？」

「すべて、夫のせい、です」

言葉に詰まるのではないかと予測していたが、あまりにもストレートに、また目をつり上げて憤《いきどお》りを露《あらわ》にし、出てきた言葉に圧倒される。

「どういうことですか？」

「だから、夫が、私に全く無関心だったからですよ。それに、結婚した時の約束を全然守らないし、私が話し掛けてもいつも適当に受け流して、相手にもしてくれなかったから」

紗江さんは、高校時代の先輩だった夫と三十三歳で結婚した。夫はもともと正社員職を見つけてから所帯を持つことを望んでいたが、妊娠がきっかけだった。専業主婦を希望していた紗江さんは、少しでも早く正社員になることを夫に誓わせたうえで結婚し、それまでの間家計を補うため、今回の「事件」を起こすまでは、介護老人保健施設で非常勤の介護職員として働いていたという。だが夫は依然として契約社員のままで、それが紗江さんにとっては、「約束を守らない」という不満を募らせるきっかけになったようだ。

夫とは全く連絡を取っていないという紗江さんに、今後の夫婦関係について尋ねてみた。するとそれまでの饒舌《じようぜつ》がなりを潜《ひそ》め、うつむき加減で静かにこう、つぶやいた。

「わ、た、し……これからどうしたら、いいんでしょうか……」

「何もできない」夫

その後、紗江さんとはメールと電話でのやりとりが続いた。まだ精神状態が安定したとは言い難い人物に頻繁に接触するのは控えていたが、いつしか、紗江さんのほうから二、三週間に一回程度、連絡が入るようになる。怒りではちきれんばかりだった当初に比べ、彼女は少しずつ夫への愛憎半ばする複雑な心境を吐露《とろ》するようになった。面会してから四ヵ月近く経った頃、思い切って夫に会って話を聞きたい旨を申し出てみた。依然として夫と没交渉の紗江さんには為す術《すべ》がない。主治医の精神科医の仲介で夫が了解すれば、と彼女は夫への取材を容認してくれた。

それからさらに半年後。精神科医の協力で、両者の面談に同席するかたちで、夫と会うことができた。ただ主な目的は、精神科医が、まだ精神安定剤を手放せない紗江さんの症状を完治させるために夫婦関係を把握《はあく》することで、夫と精神科医の双方が同意しない限り、私は口出ししない約束だった。その後の交流を経て、夫は当時の様子をこの本で紹介することを承諾してくれた。

紗江さんの夫、藤村収さん（仮名、三十九歳）は、病院内にある三畳ほどの患者家族向け相談室に入るなり、無言で身体を二つに折りたたむように深々とお辞儀をした。襟《えり》や袖口が黄ばんだノーネクタイの白ワイシャツに、くたびれた紺のスラックス姿。顔色が影に覆われたように暗く、銀縁メガネのレンズの透明感がやけに目立って見えた。

「わざわざご足労いただきまして、ありがとうございます。来てくださる気持ちになっていただけて、本当に感謝しています」

「…………」

「今日はいいお天気でよかったですね」

「…………」

「お疲れではありませんか？」

「…………」

「お仕事のほうはいかがですか？」

「…………」――。

精神科医が穏やかに放つ、本題に入る前の幾つかの短い質問にも、収さんは、床の一点にその部分が焦げ落ちてしまうのではないかと思うほど、直線的な視線を突き刺したまま、いっこうに答えようとしない。冷たい沈黙が続き、すでに三十分以上経過しようとしていた。あくまでも傾聴の姿勢を貫く精神科医に感心させられる。と同時に、やはり夫の気持ちをほんの少しでも聞き出すのは難しいのか。そう諦めかけた時、だった。

「あのー……ジャーナリストの方、です、よね」

収さんが突如として、重い口を開いた。それも私に向かって。

「あなたは、その一……結婚されているんですか？」

夫婦関係をテーマに取材していると、男たちから幾度となく投げかけられる、いつもの質問だった。独身のあなたには何もわからない――。次には決まってそう続く。それまではボールを取り損ねたフリをしたり、わざとストライク・ゾーンから外して受け取ったりして、どうにかしのいできた。だが、この時はなぜだか、もう逃げるのはよそう、と思った。そして、精神科医の判断も仰がず、こう大きな声で口走っていた。

「独身です。結婚したいんですけれど、できないんです。でも……過去に一人だけ、結婚を約束していた男性がいました。彼は突然、私の前から姿を消した。二十年前の震災、阪神大震災で……亡くなったんです。だ、だから、私は、藤村さん、あなたたちが……夫婦のことなんて何もわかっていないかもしれないけれど……とても羨《うらや》ましいんです。他人だった男女が互いに惹《ひ》かれ合って、一緒になれた、その貴《とうと》さを理解できている自信があるから、ひるむことなく、夫婦問題の取材を続けているのです」

これで、私のせいで、取材は終わりだ。そう観念した。収さんとも精神科医とも視線を合わすことができず、ただ詫《わ》びるために頭を下げ、部屋のドアノブに手を掛けたその時、男性の嗚《お》咽《えつ》するような声が聞こえた。斜め後ろを振り返ると、収さんがテーブルに顔を伏せて泣いていた。次第に叫び声も交じってゆく。

「……す、すみ、ま、せん。僕は……な、なに、も、できない、んです。先生に……娘に……そ、し、て……妻に謝りたくて……。そのために、ここに、来た、来たんです……」

テーブルの上には、大粒の涙と唾液が次々としたたり落ちていた。

稼げない負い目

「藤村さん、大丈夫ですか？」

「…………」

「どうぞ、お茶でのどを潤《うるお》してくださいね」

「…………」

精神科医の優しい声によって、収さんの叫喚《きょうかん》が徐々に緩和されてゆく。が、収さんは二十分近く口を閉ざしたままだった。

――今日はこれでいいですか？　精神科医の眼差しがそう、私に尋ねてきた。私は余計な発言をした自省も込めて、静かに頷《うなず》く。

「藤村さん、今日はここまで（に）」と、精神科医が話し始めたのを遮《さえぎ》り、収さんが顔を上げてこう言葉を発した。目はまだ充血していたが、比較的しっかりした口調だった。

「いえ、せっかくの機会ですから、話させてください。妻が救急車で運ばれて、娘も大変な状態だと知って、実は病院に駆けつけたんです。でも……慌ただしくお医者さんや看護師さんが行き来する救急センターの様子、その先のベッドにそれぞれ横たわる妻と娘を遠目に見て、正直、怖気《おじけ》づいた。自分のほうに寄ってくる看護師さんを振り切って、走り去ってしまったんです。それに……妻の実家には何度も電話して、直接訪ねて行ったりもしたんですが……お母さんに妻と娘との面会を拒否されて……。それから一年近く、連絡も取っていません」

精神科医が、手のひらを上にして私の胸の前にそっと差し出し、発言を促してくれた。

「藤村さん、あのー、先ほどは大変失礼いたしました。私から質問してもいいですか？」

「ええ……」

「答えられることだけで結構です。無理をしないでくださいね。何もできない、とおっしゃいましたが――私は今、病院に駆けつけられていたことを初めて知ったのですが――藤村さんはご自身ができ得ることはなさったんじゃないでしょうか。それで……そのー、なぜ、奥さんとの関係がこうなったとお考えですか？」

「……初めは僕の良き理解者だったのに……妻が変わってしまった。妻の期待に僕がなかなか応えられなかったから……。正社員になれず、稼ぎも少ないままで……情けない、面目《めんぼく》ないです。そのうち、妻の話が全部僕への批判に聞こえて、妻を避けるようになりました。僕のせいで……僕への腹いせで、妻は娘にあんなひどいことをしたんだと思います。その行為すら、何も知らなくて……」

「でも、それは藤村さんだけのせいじゃないですよね」

「いや、結果としては、同じ、ことです……」そう言い終えると、収さんはテーブルの上に両《りょう》肘《ひじ》をついてうなだれた。

精神科医が私に目配せする。今度は意向を尋ねるのではなく、もう終わりにしましょう、という合図だった。

「現実を受け止めたいけれど……」

収さんと面会したその日の夜、彼の承諾を得たうえで、紗江さんに電話で夫の謝罪の気持ちを伝えた。紗江さんはいつになく言葉少なに、ただ「ええ」「そうですか」と繰り返した後、しばし押し黙る。そうして、すすり泣くような小さな声を漏らした。夫に何か伝えたいことはないか、と尋ねたが、返事はなかった。

それから二ヵ月ほど過ぎた頃、収さんは取材に応じてくれた。彼がインタビュー場所に指定したのは、職場から電車で約二十分の県庁所在地駅ビル内にあるセルフサービスのカフェだった。全体的に精彩を欠いた様子は変わらなかったが、服装には清潔感が漂い、こころなしか顔色が良くなったような気がした。少し雑談を交わした後、率直に質問してみた。

「もし差し支えなければ、これからのご家族とのことについて、どうされたいと考えているのか、教えてもらえますか？」

「……うまく、言葉にできないのですが……自分が妻から逃げていたことを、少しずつ冷静に振り返ることができるようになりました。でも……今のこの現実を受け止めなければ、と思えるまでにはなったんですが……その後どうしていけばいいか、まだわからないんです」

いまだ妻との連絡は途絶えたままだが、この間に妻の母親とは一度、面会することができたのだという。母親は、収さんが必死に訴える反省と謝罪の念を少しは受け入れようという姿勢は見せたものの、事の成り行きの責任を収さんに求め、妻との間を取り持つことには難色を示しているらしい。

「やり直せたら……いいんですが……」

収さんは誰に言うともなしにささやき、カフェのウインドー越しに行き交う家族連れをしばらく眺め続けた。その顔つきが、次第に引き締まっていくように見えた。

「もとは僕のせいだし、自分が惨めで、相談なんてできない」

EDが夫婦不和の始まり

浮気以外にも、世間の思い込みとは逆に、妻が加害者となっている行為がある。妻からの被害に苦悶《くもん》しながらも、誰にも悩みを打ち明けることができない男性は少なくない。男としての過度なプライドが、事態を深刻化させる要因にもなっているのだ。

「男性更年期障害、特に性機能に強い症状が出ています。ＥＤ（勃起《ぼっき》不全）もあるようですね」——。

医師からそう告げられ、田中勉さん（仮名、三十九歳）は「目の前が真っ暗になった」。

機械系の専門学校を卒業後、金属加工会社を経て、創業者に引き抜かれて機械加工・組み立ての零細企業に入社。四十歳代前半の二代目社長の懐《ふところがたな》刀として経営企画と人事を統括していたが、経営難から給料の削減、ボーナスの不支給だけでなく、入社以来世話になった古参の従業員への解雇通告まで担わされ、心労が重なっていった。

当初の自覚症状は、苛立《いらだ》ちや集中力の低下、不眠だったが、時をおかずに早朝勃起が無くなっていることに気づき、性生活に支障をきたすようになる。大学病院の男性更年期外来を受診したのは、再婚した妻と新婚早々にもかかわらず、セックスがうまくいかず、そのショックから夜の交わりを自ら避けるようになって二ヵ月ほど過ぎた頃だった。ネットで中年期に男性ホルモンの低下により、抑うつや身体症状、性機能障害が起きる「男性更年期障害」があることを知り、「加齢に伴う症状であれば、治療で治るのでは」と期待を寄せ、勇気を出して受診したという。男性の更年期障害は、女性の場合とは異なり、発症には個人差があり、ストレスが誘引する場合が多いとされる。田中さんは、問診や男性ホルモン値を測定する血液検査からそう診断され、ED宣告まで突きつけられるのだ。

そこからが、妻との不和の始まりだった。

愛知県北部の都市にある繁華街のレストランで、うつむき加減の田中さんは、二年前の発症から診断までの流れを振り返り、「男としての大きな欠陥を指摘されたようでした」と、肩を落とした。

「妻には本当のことを言い出せず、時間だけが過ぎていきました。最初は仕事で疲れているから仕方ないと思っていたようですが、いつからか、『私のことが嫌いになったの?』『誰かほかに好きな女性でもできたの?』などと、僕を責め立ててくるようになって……。彼女は自分が拒否されている、と考えるようになっていたんでしょうね。妻の傷ついた気持ちを理解できなかった僕がバカでした……。一度目にそれで失敗していたのに……」

受診してからしばらくは、二週間に一回、低下した男性ホルモンを筋肉注射するホルモン補充療法を行い、精神、身体症状は徐々に回復した。が、性機能のほうは思うような改善は見られず、治療をやめたという。医師から服用を勧められたED治療薬も、「薬に頼るのは気が引けて」望まず、「妻との性交渉に臨むまでの自信はなかった」と説明した。田中さんの言い分は、努めて理解しようと思えばできなくはないものの、どこか腑《ふ》に落ちなかった。

視線を合わせるのを避けがちで、蚊《か》の鳴くような声で話す田中さんは人見知りの性格がうかがえたが、終始、頬を覆い隠すように、両手でエラの辺りまで伸びた顔周りの左右の髪の毛を押さえる仕草も、気になった。

苦い経験を経て再婚へ

田中さんは二十六歳の時に、高校時代の同級生と九年間の交際を経て最初の結婚をした。元妻は中小の土木・建設会社の事務職を続けていたが、当初から子どもを欲しがり、家事、子育てに専念することを望んでいた。これに対し、田中さんはある程度、妻子を養っていける収入の見通しが立つまでは、と子作りを先延ばしにしていた。そうこうするうちに夫婦の会話がほとんど無くなり、元妻はある日突如として、「こんなはずじゃなかった。あんたは私が望む夫じゃない」という言葉を投げ捨て、自宅を出て行ったのだという。半年間の別居の末、双方合意のもと、わずか一年半の夫婦生活に終止符を打った。

当時の苦い経験から、「自分は結婚には向いていない」と考えるようになっていた田中さんの気持ちが前向きに変わったのは、離婚から七年後、二〇一一年三月の東日本大震災がきっかけだった。震災発生の約一ヵ月後から半年ほど、週末を利用して定期的に震災復興ボランティアとして被災地で活動する中で、家族の絆の貴さを実感すると同時に、これからの人生を一人で生きていくことへの不安を抱くようになる。一人っ子で、小学生の頃に両親が離婚し、自分を育ててくれた母親も社会人になった直後に病でこの世を去っていた。そんな時に出会ったのが、同じくボランティアとして四国から被災地に入っていた三歳年下の現在の妻だった。妻も幼少期に両親が離婚し、姉は母親に、自分は父親に、それぞれ引き取られたが、父親の再婚相手である義母と反りが合わず、高校卒業と同時に家を出てからは家族と音信不通状態が続いていた。たびたび同じグループで活動するうちに、互いの境遇への共感も相俟《あいま》って惹かれ合い、遠距離交際を二年続けてゴールインした。妻は家計を補うために自分から進んでショッピングセンターでパート勤務をしてくれたが、結婚時三十四歳の妻は、「年齢的にも子どもはできるだけ早く欲しい」と切望していた。そんな矢先に、田中さんを襲ったのが、下半身の不調だったのである。

妻を爆発させた同窓会

妻と十分な会話もないまま、セックスレス状態が一年余り続いていた時、悲惨な「事件」が静かに忍び寄る。発端は、田中さんが十数年ぶりに高校の同窓会に出席したことだった。

「同窓会に出席すれば、別れた妻と再会する可能性が高いことはわかっていました。でも、嫌な気持ちよりも、むしろ彼女がその後幸せな人生を歩んでいるのか知りたい、という思いのほうが強かった。実際に会ってみて、意外にもかつての不仲が嘘のように、互いに新鮮な気持ちで話ができたんです。彼女は僕と離婚して数年後に再婚して、子ども二人のお母さんになっていました。どちらからともなく、連絡先を交換して別れたんですが……」

ある日、田中さんと妻とのガラス細工のように傷つきやすい関係を知る由《よし》もない元妻が、家族写真を添えた封書を自宅に送ってきた。パート勤務から帰ってポストに入っている手紙に気づいた妻が、怒りを爆発させたのだ。田中さんは妻に元妻の素性は一切、明かしていなかったが、妻が田中さんの男友達からそれとなく聞き出していたらしい。高校時代の同級生で、名前が自分（妻）と一字違いであることまで。田中さん曰《いわ》く「多少の後ろめたさもあって」、同窓会への参加自体を隠していたことが、妻の憤りにいっそう拍車をかけたようだ。

「元妻から手紙が届いた日の夜、僕が帰宅するなり、手紙の送り主について強い調子で問いただされ、正直に答えました。すると突然、『嘘つき、裏切り者！』『私と別れて、元の奥さんとヨリを戻したいの!?』などと怒鳴り立て、僕が説明する余地さえ与えてくれなかった。挙句には……リビングのテーブルや棚の上の物を投げ飛ばして……それで……その時は、たまたま、本当にそうなんです。偶然、飛んできた小さな陶器の置物が僕の額《ひたい》に当たって……」

額から血が溢《あふ》れ出し、倒れ込む田中さん。慌てふためいた妻は「ごめんなさい」と何度も叫びながらすぐに駆け寄って介抱し、自らタクシーを呼んで近くの病院の夜間救急外来に連れて行ってくれた。数針縫う怪我《けが》だった。

夫は「DV被害者」

田中さんの怪我をきっかけに、いったんは妻の気持ちの昂《たかぶ》りは収まったかのようだったが、抜糸を終えて額の傷がほぼ治った二週間後ぐらいから、またイライラした様子を見せるようになって小言が増え、間もなくして憤慨《ふんがい》が再燃する。今度は、偶発的なものではなかった。

妻からのドメスティック・バイオレンス（DV）である。

「つ、ま、が……近い距離から、部屋の中の物を手当たり次第に……僕に、向かって、投げつけたり……直接、素手で、殴ってきたり、するようになってしまって……それが何度も何度も続いて……」

当時の状況が余程、強烈に脳裏に焼き付いているようで、田中さんは恐れとも悲しみともとれる引きつった表情、荒い呼吸で、そう話すと、ガクンと首を折るようにして頭《こうべ》を垂れた。

この段になって初めて、田中さんが顔周りを髪の毛で隠していた理由がわかり、愕然とする。

いまだ残っている青あざや傷跡を見られたくなかったのだろう。

相談できない男

田中さんの呼吸の乱れが鎮《しず》まるのを待って、尋ねてみた。

「奥さんからのDV被害を誰かに相談しなかったのですか？」

「……ええ……」田中さんの視線が、斜め下前方で上下左右に浮遊する。

「どうして、ですか？」

「……だって……もとはといえば、僕がEDになって妻を満足させてやれず、逆に不安にさせてしまったのが原因ですし……。それに……やはり、夫が妻に、男が女に、暴力を振るわれているというのは恥ずかしいというか、自分が惨めだから、相談なんてできない、です……」

「そんなことない（で）」

「あっ」こちらの言葉を遮り、今度は顔を真正面まで上げてこう続けた。

「でも、妻は愚痴を繰り返してから、怒りを爆発させて僕を殴った直後は、『本当にごめんなさい』『もう絶対にこんなひどいことしないから』などと言って僕が負った傷の手当てをしてくれたり、とても優しくなるんですよ。セックスレス状態になってからそんなふうに温かく接してくれたことがなかったから、ほっとするというか、うれしくなったりしたんです」

そう言い終えた田中さんの瞳がわずかに輝いたのを捉え、正直、ゾクッとした。

DV加害者には、主に、緊張蓄積期、爆発期、蜜月（ハネムーン）期——の三つの周期があるとされる。多くの被害者がそうであるように、田中さんもハネムーン期の妻の「優しさ」に惑わされ、事の本質を見誤っているように思われた。

妻からのDVに耐える日々を半年余り続けた後、田中さんは結婚と同時に二十年ローンを組んで購入した自宅を出た。徒歩十五分ほどの距離にある賃貸アパートに暮らして二ヵ月近くが経つ。

「中古で猫の額ほどの小さな庭ですけれど……妻と子どもと共に家族の絆を育んでいく、終《つい》の棲家《すみか》にしたいと思って……。でも、もう妻と距離を置くしかなかったんです。僕自身、身の危険も感じていたし、これ以上一緒にいると、夫婦関係がそれこそ取り返しがつかなくなるのではないかと……」

精神的に不安定な妻を一人自宅に残すことに不安を抱きながらも、苦渋《くじゅう》の決断だった。職場でも痛ましい状況を打ち明けることができないまま、心身ともに消耗《しょうもう》し、一度は辞職を申し出た。だが、社長は田中さんの苦境をある程度、察していたのか、何も聞かずに一段落するまでの間、責任の重い現職を離れ、定時で終わる事務的な仕事を続けることを勧めてくれたという。

「これからどうすればいいのか……まだ考える余裕がないんです。ただ……働き続けられて収入があることが、今何とかふんばっていられる土台になっているというか……だから、社長には本当に感謝しています」

途中消え入りそうな声になりながらも、田中さんは最後まで言い切った。

「沈黙の被害者」対策の不備

夫婦間のDV被害者は、実は男性もある程度の割合を占め、増加傾向にあるという事実は、意外と知られていない。

内閣府の二〇一四年度「男女間における暴力に関する調査」によると、配偶者からのDV被害の経験があった人の性別の割合は女性が二三・七％で、男性も一六・六％を占めた。DVの内容別では（「身体的暴行」「心理的攻撃」「経済的圧迫」「性的強要」の四つの選択肢から複数回答可）、「身体的暴行」が、被害男性は一〇・八％、被害女性は一五・四％と、いずれも最も多かった。配偶者からのDV被害経験者のうち、被害について「誰かに打ち明けたり、相談したりした」人は、女性が五〇・三％に上る一方で、男性は一六・六％にとどまっている。

また、内閣府がまとめた、二〇一四年度の全国の配偶者暴力相談支援センターが受けた「配偶者からの暴力が関係する相談」、つまりDV被害者からの相談の性別は、女性が十万千三百三十九件に対し、男性は千六百二十四件と、全体のわずか一・六％にすぎなかった。

ちなみに、「男女間における暴力に関する調査」は、内閣府の『女性に対する暴力』に関する調査研究」事業の一環。表題からして、まるで「DV被害者は女性」、と決めつけているようだ。都道府県の婦人相談所などの行政や、NPO法人など民間が運営する被害者の一時保護施設、いわゆる「シェルター」は保護対象を基本的に女性に限定している。

DV被害男性自身が、肉親や友人など身近な第三者や行政機関などの相談窓口に助けを求めることが非常に困難であることを、幾多《いくた》のDV被害男性への取材を通して痛感した。社会全体に広がるDVの「被害者は女性」「加害者は男性」という先入観が、もともと他者に弱みを見せられず、男性は女性よりも強くあるべきという旧来の規範に縛《しば》られている男性の、被害を相談するという行為をなおいっそう阻《はば》んでいると考えられる。

国や自治体は、「沈黙の被害者」である、男性のDV被害者への対策を早急に図るべきである。

「男性不妊」の負い目

それから田中さんに再会できるまでに、一年ほどの月日が流れる。会う直前に電話で話したところ、まだ妻とは別居状態が続いているということだったが、声からは落ち着いた雰囲気が伝わってきた。

取材場所に現れた田中さんは、長めだった頭髪を五分刈りにしていた。やや痩せたようだったが、以前のようにうろたえることなく、「ご無沙汰しています」と私と目を合わせて挨拶《あいさつ》をしてくれた。何か少しでも前向きな進展があったのではないかと期待し、雑談を挟まず質問してみる。

「その後、奥さんのご様子はいかがですか？　連絡は取られているのでしょうか？」

「お陰様で、お姉さんの助けもあって、前のように精神が昂ることはなくなったようです。まだ一緒に暮らすまでには至っていないのですが……電話では数日置きには話していますし、最近は月に二、三回、食事したりして会えるようになりまして……」

妻が心許せる人が必要と考えた田中さんは、幼い頃に両親の離婚によって連絡が途絶えていた、妻の姉の居場所を捜し当てた。事情を説明したところ、快く応じてくれ、手紙、メールから電話でのやりとり、さらには四国から妻のもとを訪ねてくれたのだという。

「妻は最初は驚いたようですが、やはり肉親ですからすぐに打ち解けて、いろいろと悩みなども打ち明けているうちに、少しずつ心の穏やかさを取り戻していったようなんです。僕が思っていた以上に、妻は……そのー、家族……つまり、結婚して子どもを育てて……自分自身がつくる家庭への憧《あこが》れが強かった、よう、で、し、て……」

田中さんは話している途中で感情が昂ったようで、嗚咽し出す。それが己の無念さによるものであることを知るのは、そのすぐ後のことだ。

「どうされたんですか？　それは、よかったじゃないですか」

「……いや、あのー……」

数分押し黙った後、田中さんは一瞬目を閉じてから、覚悟を決めたようにこう告白を始めた。

「実は……ぼ、く、は、不妊症、だったんです。EDは確かに男性更年期障害の症状にもあるし、実際に男性ホルモンの値も下がっていたので、診断は間違いではなかったのですが……。しばらくホルモン補充療法を受けるうちに、気になって検査してもらったら……精子無力症、と言われ、ました……。子どもをつくるには、人工授精か顕微鏡授精をしたほうがよいと。前に奥田さんに会った時には、そのことは言えなかったんです。EDだけなら薬で何とかなりますが、精子無力症のショックで妻と心身ともに向き合えなくなって……。だから、妻からDVを受けていた時は、ただただ、申し訳ない、気持ちが先に立って……」

不妊症は、女性の加齢に伴う卵子老化や、排卵・卵管障害、子宮着床障害など、妻側の問題というイメージが依然として社会では根強いが、田中さんのように、男性側に問題があるケースも少なくないのだ。実際に、私がこれまで十ヵ所以上の大学病院や産婦人科クリニックの不妊症の専門医から聞いた話では、「原因は男女半々」との見解が大勢を占めた。田中さんが診断された精子無力症とは、精子の数は正常ながら精子の運動率が悪い障害。ほかにも男性不妊の原因には、精液の中に精子が無い無精子症、精子はあるが数が少ない乏精子症などがある。

理想を求め過ぎていた

田中さんの感情の高まりが収まってから、質問した。

「今は、不妊症のことを奥さんに話されたのですか？」

「ええ……勇気を出して、話しました。少し前のことです。そうしたら、妻はびっくりした様子ではありましたが……でも、それよりも深い同情を示してくれて、『つらかったのね』って。怒られて当然のことなのに……心底ありがたかったです。実は……妻も、二十代の頃から子宮内膜症を患っていて、お医者さんからは自然妊娠で子どもが欲しいならできるだけ早いほうがいい、と言われていたそうなんです。だから、妻も子づくりに焦っていたのだと、打ち明けてくれました。余計に妻には面目ないのですが……。僕の気持ちまで理解してくれて……本当にうれしかったですね」

「でも、不妊治療をすれば、妊娠は可能なのではないですか？」

「まあ、まだそこまでは妻と話し合っていませんが……互いに思い切って内に秘めていたことを明かし合ったことで——子どもがいればそれはそれでいいですけれど——子どもがいない夫婦でもいいんじゃないか、と思うようにもなったんです。二人とも子どものいる理想の家族を追い求め過ぎていた面もあったんじゃないか、って。あっ、このことは僕の考えで、まだ妻の意思は確認していませんが……。親子という血縁関係を中心としたものだけが、家族じゃない。子どものいない夫婦だって、貴い家族のかたちなんじゃないか、と……」

では、これから妻との関係をどう育んでいこうと考えているのか。

「子どものことについて話し合ってある程度合意できれば、一緒に暮らして……いや、先に共に暮らしながら、考えを出していってもいいですよね。同居までもう少し、と希望を持つようにしています」

そう話す田中さんの目がかすかに潤んでいた。

〝居場所〟に固執する男たち

給与の減少ばかりか、リストラの危機にまで晒《さら》され、もはや家計を担う夫としての価値、存在感を見失った男たちは、妻と相対することなく、極めて不確かな家庭での自らの〝在り処〟を確保しようと、もがいていた。

厚生労働省の二〇一四年「人口動態統計」から、同居期間別に離婚件数をみると、「五年未満」（三三・九％）が最多で、次に多い順に「五年以上～十年未満」（二二・四％）と「十年以上～十五年未満」（一四・九％）を合わせて、四割弱を占めた。男性の年齢では、多くが三十歳代半ばから四十歳代が相当するだろう。この年代は、職務で重責を担って仕事量が増え、人員削減の対象にもなり得る危機感を抱く一方で、家庭では晩婚化も影響してまだ育児や教育に手がかかる子どもを抱えながら、家族と十分な時間を過ごすこともままならない。職場で家庭で様々な問題を抱え、妻との関係が冷え切るケースは少なくないのだ。

過酷な職場環境に身を置かざるを得ない男性にとって、妻子に認められているという、他者からの承認欲求を満たす最も強固な共同体であるはずだった家族が、互いに心通わすことなく、気持ちがすれ違い、本来の機能を果たしていないことは確かに受け入れ難い事実であろう。だが、かつてのように夫が揺るぎない主導権を握る家庭はもう、そこにはない。にもかかわらず、その現実を直視できないがために、幻想的な〝居場所〟への固執につながってしまっているように見えた。

妻の心中も甚《はなは》だ複雑だ。結婚は女性にとって、家庭に入るにせよ、仕事を続けるにせよ、その後の生き方を大きく左右する分岐点でもある。専業主婦で「勝ち組」になったつもりが、女性は家庭を持っても仕事で活躍すべきという社会の風潮に思い乱れる妻もいれば、専業主婦を志しながら、夫が非正規から正社員へキャリアアップできずに低収入のため、希望が実現できずに苦悩する妻もいる。当初は仕事と家庭の両立に意欲を抱きつつも、職場では能力を生かす仕事が与えられず、家庭では夫の育児協力が得られずに思い煩《わずら》うケースもある。妻だって、自らが結婚後の家庭やライフスタイルに求めた理想と現実のギャップに悩んでいるのだ。

また、妻が母親になって「女」として見られなくなったと嘆《なげ》く夫が多かったが、かたや妻はというと、「女」であり続けることを欲《ほっ》する。

取材対象者の中で、夫婦間の意識のギャップやそれぞれの悩み、相手への不満を互いに打ち明けないまま、やがて会話さえなくなり、セックスレスや仮面夫婦に至るケースの多さは想像をはるかに超えていた。

なぜ妻と相まみえないのか

夫婦間の意識のギャップを埋め、互いの不満を鎮めるには、十分にコミュニケーションを図ることが欠かせない。しかし、男性にインタビューをしていて、どうしてそこまで事態が深刻化する前に、妻と腹を割って話し合うことができなかったのか、と疑問に思うことが多々あった。夫が妻との交わりを拒絶することで、妻の浮気以外にも、妻が児童虐待や夫へのＤＶにまで陥る重篤《じゅうとく》なケースがあることは、事例でも紹介した通りだ。そうしてその過程では、夫婦双方に相手の苦しみを理解し、相手を思いやるよりも、自分のことを「わかってもらいたい」、相手に「構ってもらいたい」といった一方的な欲望、エゴが存在した。

厚生労働省のまとめによると、二〇一四年度に全国の児童相談所が児童虐待の相談・通報を受けて対応した件数は八万八千九百三十一件（前年度比二〇・五％増）で、調査開始の一九九〇年度（千百一件）以降、最多となった。虐待者別では、「実母」が五二・四％と突出して多い。次に多いのは、「実父」（三四・五％）で、「実母」と合わせて九割弱。種類別では、言葉による脅し、無視、きょうだい間での差別的扱いなどの「心理的虐待」（四三・六％）と、殴る、蹴る、やけどを負わせるなどの「身体的虐待」（二九・四％）を合わせて七割強を占めた。

その背景に、加害者自身の幼少期における親からの虐待経験など成育歴を指摘する専門家は多いが、藤村さん夫妻のように、夫婦関係が影響しているケースが少なくないことを取材を通して実感した。

また、加藤さん夫妻のように、夫の重病など不運が身に降りかからなければ、互いに歩み寄ることができないケースがあることは、何ともやるせなく、胸が締め付けられる思いがした。

男たちはなぜ、妻と正面からぶつかり合うことが、心からつながることが、できないのか。「妻が変わってしまった」「（夫婦関係が）こうなるはずじゃなかった」と結婚当初の理想とその後の現実との乖離《かいり》を口にする男性が大半だったが、それは男としての面子《メンツ》を保てなくなったという自意識を覆い隠すための言い訳にすぎない。

妻と相まみえることで、自己の夫として、父親としてのあり様を非難されたり、否定されたりするのを受け止められず、そのことで家庭での〝居場所〟を失うことを恐れ、ただ目の前の現実から逃避しているように思えてならないのだが。

第3章 ファザーレス——わが子が見えない

「子どもが思い通りにならないから、もう無視しています」

自らの職を突如として奪われ兼ねない過酷な労働環境の中、わが子と物理的にも精神的にも満ち足りた時間を過ごせている父親など実際にいるのだろうか。子どもの育児や教育に関わりたくてもそれが叶《かな》わず、現実と乖離《かいり》した社会からの「イクメン」礼賛《らいさん》に苦しみ、そんな自分をいっこうに理解しようとしない妻にうんざりする。そんな男たちは少なくない。

「教育パパ」に躍起になるあまり、思い通りにならない息子、そして父親としての自身の存在がわからなくなった男性が、淡々とした表情で言い放った言葉に、鋭利な刃物で心の奥深くまで刺されたような衝撃を受けた。娘たちのことを任せた妻と心通わすことができなかったために、わが子から〝父親不適格〟を宣告された者もいれば、父母の離婚で父親に捨てられたと思い込み、やがて非行に走る息子を前に、ただ立ちすくむだけの父親もいる。

男たちの苦境は、「ファザーレス（父親不在）」状態にまで陥ってしまっているのである。社会と妻からのプレッシャーという二重苦に耐えながらも、父親であることと格闘してきたはずの彼らが今になってなぜ、わが子を見失ってしまったのか——。

新種の「教育パパ」

一年半ほど前、東京臨海部のファストフード店で会った坂口達彦さん（仮名、四十三歳）は、伏し目がちに一つひとつの質問に答え終わるたびに、テーブルの上に置いたスマートフォンに目をやった。最初は手持ち無沙汰《ぶさた》か、仕事のメールでもチェックしているのかと思っていた。が、尋ねてみると、実はこれが「教育パパ」実践の重要ツールだったのだ。

「すみませんね。この後、残業で職場に戻らないといけないから、今しか息子が勉強をサボっていないか確認する時間がないんですよ。今日はちゃんと問題を解いているようです」

坂口さんはそう言って、満面に笑みを浮かべた。もともと人と会って会話をするのが苦手なようだったが、子どもの教育という核心の話題に入ると、しかとこちらに眼差しを向けて話してくれた。

福島県出身で、専門学校を卒業後に上京し、都内のIT関連企業でSE（システム・エンジニア）をしている。まだ役職には就いていない。職場環境についても質問してみたが、「僕は大卒じゃないから」「（仕事に）何とかしがみついている感じです」と言葉少なに話し、あまり仕事については触れてほしくない様子だった。

三十四歳の時、NPO法人が主催した「街コン」で出会った四歳年下の女性と結婚。繊維卸会社に勤務する妻、小学二年生の一人息子と東京都内の賃貸マンションに暮らす。

坂口さんは、育児、子どもの教育を妻とどのように協力し合っているのか。

「『二人で分担しています』と胸を張りたいところなんですけど……実際は妻に任せている時間が多いですね。息子が乳幼児の頃は妻から口癖のように、『もっと面倒を見て』と言われ続けていました。だから、息子が小学校に上がってからは、少しでも父親らしいことをしないといけないと思って……。子どもの育て方や教育に関する本をたくさん読んでいろいろ調べた末に、デジタル通信教育を受けさせることにしました。典型的なモテない僕が三十代半ばでやっと家庭を手にして、子どもまで授かった。やっぱり、息子には立派な人生を歩んでもらいたいんです」

坂口さんが息子に受けさせているデジタル通信教育は、タブレット端末で算数教材を提供する教育サービス。児童の習熟度に合わせて出題し、ビデオレターでの個別指導も行われる。父母は、インターネットの個人ページにログインして、わが子の学習状況を把握できるしくみになっている。ＩＴを通して、仕事が忙しくても子どもの教育に関わる。まさに新種の「教育パパ」の出現に、新鮮な香りを感じた。

自分の夢を息子に

ただ、平日は残業続きで週末も月に二、三回しか休みが取れないという坂口さんは、息子と過ごす時間をどうやりくりしているのか、疑問が湧いた。

「お子さんと会話したり、一緒に出かけたりする時間はどの程度、あるんですか？」

不意に痛いところを突かれたのだろうか。坂口さんは一瞬、視線をテーブルの上に落としてからすぐに顔を上げ、こう持論を展開した。

「まあ、面と向かって会話する時間はとても少ないし、遊びに連れて行ってやったりという余裕はありません。でも……息子とは昼休みや残業中も携帯メールでやりとりしていますから、大丈夫です。コミュニケーションは十分に取れていると思っています。あっ、それから、仕事が休みの日にしっかりと勉強を見てやっていますから。たまに小学校の土曜授業と重なったりすると、風邪だとか実家のおばあちゃんの具合が悪いだとか、適当に理由をつけて学校を休ませています」

息子の教育に真剣に、積極的に取り組もうとしているのは、よくわかる。だが、息子との生の会話ではなく、メールでのやりとりで意思の疎通《そつう》が図れていると自信を見せ、月に一回程度の土曜授業を休ませてまで、自ら勉強を指導しているということに、一抹の不安を感じたのも確かだ。どう次の質問を切り出していいものか、迷っていた時だった。

坂口さんはいきなり身を乗り出し、息子の将来について表情豊かに熱弁をふるい始めた。

「建築家……息子に、美術館や自治体庁舎や大企業の本社やなんかをたくさん設計して、国内だけでなくて、世界でも活躍する、丹下健三《たんげけんぞう》みたいな超一流の建築家に絶対なってほしいんです。だって、手掛けた建物が自分が死んだ後も歴史に残って、評価され続けていくんですよ。そんなすばらしいことはないと思いませんか？」

そう言い終えると、彼は夢見る少年のように天を仰《あお》いだ。

「もしかして、それって、坂口さんの……」思うより先に、言葉が出ていた。

「その通り、僕が叶えられなかった夢、です。小さい頃から兄貴が遊びに飽きて壊してしまった模型を作り直したり、いろんな建物を見て構造とか想像したりするのが好きだったんです。でも、僕は……おやじが進路の相談に乗ってくれることなんてなかったし、塾にも通わせてもらえなかったから、三番手ぐらいの県立高校に進んで、東北の国公立大学を受けられるだけ受けたんですけど、惨敗《ざんぱい》で……。一浪させてもらう金なんて家《うち》にはなかったから、地元の情報系専門学校に進みました。建築の専門学校に進む選択もあったんですけど……専門学校卒だったら一級建築士になっても街の設計屋さん、が関の山かなって。『一流』と比べられ続けるのも嫌だし、結局、別の道を歩むことにしたんです」

「息子の成長が唯一の楽しみ」

専門学校進学時に建築家の夢を諦《あきら》めた坂口さんだったが、一度だけ、息子が生まれてしばらくした頃、気持ちが揺り戻されたことがあった。福島にいる一級建築士の高校時代の同級生が、独立して建築設計事務所を立ち上げるにあたり、仕事を助けてくれないかと声を掛けてくれたという。建築士の資格は実務経験を積みながら取ればいい、と。しかし、一ヵ月逡巡《しゅんじゅん》した末に断った。二級建築士でも受験資格には、建築分野の学歴がない場合は七年以上の実務経験が必要なため、とてもそれまでの間、妻子を養っていけないと判断したのだ。

さぞかし苦渋《くじゅう》の決断だったのではないか。当時の心中《しんちゅう》を慮《おもんぱか》ったが、坂口さんはインタビューを開始した当初の乾いた面持ちに戻り、「しょうがないです」とだけ、あっさりと答えた。

その反応を見て、速やかに息子の教育、将来についての質問に切り替える。

「息子さんは勉強、お好きですか？　それから建築家、って仕事、今からわかるんでしょうか？」

「勉強、ですか。問題に次から次へと答えていくのが面白いようです。小学二年生の算数でつまずく子が多いって最近雑誌で読んだんですけど、うちの子なんて、センチとミリの交じった足し算・引き算も、時間の計算も、すらすら解いています。それに、父親の血を継いでいるんですかね。手先が器用で工作はうまいし、僕が与えた設計用のシャープペンシルで図形を描いたりするのが好きみたいです。学校では鉛筆しか使えないから、今、家で夢中です。建築家、という職業そのものはまだはっきりとはわからないだろうけど……有名な建築物の写真集とか見せると目を輝かせているから、間違いなく興味あり。期待しています。あっ、来た来た、息子から、『今日もがんばってるよ』って返ってきました」

坂口さんはスマートフォンの画面を愛《いと》おしむように眺める。

「じゃあ、これからの息子さんの教育方針について（は）……」

質問をし終える前に、こう言い切った。

「東大か、建築学科で有名な国立大学に入れます。丹下さんだって東大（東京帝大）ですから。そのために、今のうちから一生懸命に勉強して、中学受験をさせないといけませんね。都立高校のトップクラスといってもたかが知れているし、やっぱり東京の私立男子校『御三家』の中高一貫校がいいかな。息子の成長が僕にとって唯一の楽しみなんです」

そこにいるのは、紛れもなくわが子を愛し、教育に情熱を注ぐ父親だった。しかしながら、熱気を帯びた表情で息子の教育や将来を語る合間に、時折見せる虚《うつ》ろな眼差し、それから終始テーブルの下で膝下《ひざした》を上下動させる振る舞いが妙に気になった。

鬱陶《うっとう》しくて「無視」

ネット情報から坂口さんの会社が同業他社に買収されたことを知ったのは、それから二ヵ月近く過ぎてからのことだ。さらに三ヵ月ほど経ってから坂口さんに取材を依頼する。行動に移す直前は、取材を断られるか、それ以前に連絡すら取れないのではないかと覚悟していたが、彼はすんなりと面会を了解してくれた。

週末、自宅近くの喫茶店。まずはその後の仕事について触れると、坂口さんは意外にも冷静に、「買収が決まった直後にリストラされました。労働組合なんて何の役にも立たないし、会社側の解雇通告に従うしかなかったんです」と言う。てっきり買収された会社に勤めているものだと早合点《はやがてん》していた私の動揺を気に留める様子もなく、こう続けた。

「買収される数ヵ月ぐらい前から、同年代の大卒のグループリーダー（課長職）が何人か——みんなが解雇だったのかどうかは知らないけど——辞めていってましたから、内心自分もやばいだろう、とは思っていたんです。専門学校卒で管理職ポストにも就いていない僕の場合は、安い賃金で使い勝手がいいから、ギリギリまで働かせたんでしょうね」

「じゃあ、今は？」

「失業保険をもらって一応、求職中ということにはなっていますけれど……実際にはやりたい仕事もないし、働く意欲すら湧かないから、ニートみたいなもんかな。今は妻が稼ぎ頭だから、ますます頭が上がりません」

リストラに遭《あ》った心痛を考えると、メインテーマである子どもとの関係については切り出し

にくい。「そうですか」と合いの手を入れたまま、二人の間に冷たい沈黙が流れる。その時、唐突に、

「息子のことは……もう『無視』、しています」

先陣を切ったのは、坂口さんだった。それも、衝撃的な発言内容とは裏腹に、至って淡白な表情で。

「僕は僕なりに一生懸命頑張ったんです。息子には、自分のように後悔する人生は歩んでもらいたくなかったから……。でも、僕の言うことを全然聞かなくなってしまった。全く思い通りにならないんです。そのうちに……息子の存在そのものが鬱陶しくなって……だから、無視です。子どもがわからなくなった。父親が何なのかも、わからない……」

前回の取材では、息子を著名な建築家にするために東大に入れる、そのために難関私立中学校を受験させると意気込んでいた坂口さんだった。だが、解雇された後、塾通いの費用を捻《ねん》出《しゅつ》するメドが立たず、デジタル通信教育もやめ、比較的安価な通信教育に切り替えた。自身の仕事探しは二の次で息子に付きっ切りで指導していたが、父子で過ごす時間が長く濃密になるにつれ、息子は勉強をするのを嫌がるようになった。今では、会話もなく、目を合わすことさえないという。

「自分を犠牲にしてきたのに……」

この日のインタビューは終始、坂口さんの先導で進んだ。

「前に、高校の同級生から誘われた、建築設計事務所を手伝う仕事を断ったことを話しましたよね。本当はすごくやりたかったんです。でも……家族がいるから、妻と子どものために、最後のチャンスだった夢の実現への道を諦めたんです。自分自身を犠牲にしてまで、息子のためにすべての力を注いできたのに……。ほんとに悔しいです」

「でも、坂口さんが、仕事が大変だったのに、必死に息子さんのために尽くされたことは、奥さんも、息子さんも、わかっているんじゃないんですか？」

「独身で子どももいなくて、よくそんな質問ができますね！」

それまで生気《せいき》のない面持ちで淡々と語っていた坂口さんが、いきなり声を荒らげる。

「えっ？　誰がわかってると言うんですか？　妻が、息子が、って？　そんなことある訳ないじゃないですか！　二人とも、それが当たり前だと思っている。だいたい、妻が、僕が身を粉にして働きながら息子の面倒を見てきたことを、理解してありがたく思っていないから、それを息子に教えることもしないんですよ。そればかりか、自分は仕事と家事でいっぱいいっぱいなんだから、『仕事ぐらい早く見つけてよ！』『○○（息子の名前）のこと、ちゃんと考えてるの？』と、非難の連続ですから。こんな割が合わないことなんてない。それに……息子のことに気を取られていたせいで、仕事の実績が上げられずにリストラされたんじゃないか、と思うと腹が立って仕方がないんです」

坂口さんはそう思いの丈《たけ》を一気に吐《は》き出すと、うなだれ、両手で顔を覆った。

自然な親子から

それから再会できるまで、一年近くの月日を要することになる。この間、返信がない時を経て、坂口さんの携帯電話番号は変えられ、パソコンのフリーメールアドレスも解除されたようだった。もはやこれまで、と観念して三、四ヵ月過ぎた頃だった。

坂口さんから、岩手県陸前高田市の「奇跡の一本松」のポストカードが届いたのだ。二〇一一年三月の東日本大震災で甚大な被害を受けた地域にありながら、大津波の直撃にも耐えて生き延び、復興への希望の象徴ともされる松である。

〈今、地元福島で暮らしています〉

ポストカードには短いメッセージと、新しい連絡先が添えられていた。さっそくお礼の手紙を送り、メールでのやりとりが再開した。

メールには、幸い大きな震災被害を免れた福島県内の実家近くに親子三人移り住み、一度は断念した高校の同級生が営む建築設計事務所で働いていること、妻はスーパーでパート勤めをし、息子は小学三年生に進級してわんぱく盛りであること、などが記されていた。ただ、文面からは、その後の父子関係や彼の心情については推し測ることができなかった。

そうして、連休を利用し、勤め先の建築設計事務所を訪ねた。久しぶりに会った坂口さんは、霧が晴れたように清々《すがすが》しい様子に見えた。

「自分でいろいろと考え、妻ともしっかりと話し合ったうえで、今の生活を選ぶことにしました。奥田さんには前にひどいことを言ってしまいましたが、奥田さんが思ってくれた通り、妻はあいつなりに僕のことを心配してくれていたみたいなんです。会社をクビになってかなりやけになっていたから……。あいつ、愚痴も僕の尻を叩《たた》くため、何よりも仕事をやる気を出して頑張ってほしいと息子と一緒に応援してた、って……ふざけてやがる、ハッハッハッ……。妻と思う存分気持ちをぶつけ合って、最後は一緒に笑いながら泣いていましたね」

「それはよかったですね。奥さんへの誤解が解けて。お仕事のほうはいかがですか？　もう慣れましたか？」

「四十過ぎてからの手習いで手こずることも多いですが、やりたかった仕事ですから。（建築設計事務所経営者の）友人や同僚に助けられて、頑張っています。県内にはまだ仮設住宅で暮らす被災者の人は多いから、みなさんが心地よく暮らせる住宅を設計するのが今の目標なんです」

そう答える彼の生き生きとした表情に後押しされ、ためらうことなく次の質問に移った。

「その後、息子さんとはどうですか？」

坂口さんは一瞬、視線を外したものの、穏やかな面持ちでこう、説明してくれた。

「十分にコミュニケーションが取れているか、互いにわかり合えているのか、となると正直、自信はないです。でも……僕が息子の教育に躍起になっていた時に比べると、今のほうがはるかに自然な親子、でいられている感じはしています。素《す》の自分、というのかな、僕も息子も合格点なんて取れなくてもいいというか……。息子に聞いたことはないですけれど、本当は勉強よりも外で遊びたかったんでしょうね。今はクラスメートと野球やサッカーをするのが楽しいみたいです」

自分勝手な父親からの再生

ここに至るまでにどのような心境の変化があったのか。

「まだちゃんと整理できていないんですけれど……僕が実現できなかった理想の人生を息子に押しつけて、それがうまくいかないから困った。それに、仕事での僕自身の努力不足や不運まで息子や妻のせいにしてしまって……。二人には本当に悪かったと思っています。思い通りにならない息子に、父親として無様《ぶざま》な自分に、立ち往生してしまったんじゃないかな。偉そうなこと言ってますけど、そう気づかせてくれたのは、彼、（経営者の）友人のお陰なんです」

坂口さんのリストラを聞きつけた高校時代の同級生から再度、建築設計事務所への誘いを受け、何度かやりとりするうちに、互いの一人息子のことに話題が及んだ。そこで初めて、友人の息子が発達障害の一種である自閉症であることを知った。

「『ありがたい』『父親でいられることが、ありがたい』って、友人、は言ったんです」

坂口さんが嗚咽《おえつ》する。しばし呼吸を整える仕草をしてから、言葉を継いだ。

「彼は、それまで周りの親子と比較して自分たちは不幸だと思っていたけど……震災でたくさんの人が亡くなって、命や親子の絆の大切さが、身に沁《し》みた、と……。彼のその言葉を聞いて、僕はなんて自分勝手な父親だったのか、って思い知らされました」

家計はいまだ厳しい状況ではあるが、息子がしたいと思う学びや遊びの環境をできる限り整えてやりたい、と考えている。

「もし可能ならば……しつこいですが、ハハッ……有名な建築家にならなくたって全然構わないから、街の設計屋さんぐらいにはなってくれてもいいかな……。まあ、一番は、息子が自分から望む仕事に就いてくれることですね」

息子の将来について尋ねたら、坂口さんは少し照れながらそう答えた。

「父親なのに、娘のために何もできない自分が不甲斐《ふがい》なくて……」

お父さんなんて思ってない!

会社の経営不振から長時間労働を強いられる中、一家の稼ぎ手としての役割を果たすため、娘たちのことを妻に任せ、やむなく子どもと一定の距離を置くことを選択した男性もいる。しかし、それが過度な母子密着を生み、果てには、思いもよらぬ父子関係の断絶が待ち受けていた。

「お父さんなんて思ってないから!」——。

仕事から深夜帰宅した岡野聡さん(仮名、四十七歳)は、キッチンで冷蔵庫からペットボトルを取り出して自室に戻ろうとした中学二年生の次女と遭遇《そうぐう》し、目を血走らせながらそう、怒鳴るような声で言葉を放つ娘を前に、ひどくうろたえた。「最近、学校のほうはどうだ?」と軽く投げ掛けた質問の答えがそれ、だった。何が起こったのか理解することができず、呆然《ぼうぜん》としたまま、いつもよりも熱いシャワーを浴び、先にすやすやと眠っている妻は起こさず、ベッドに入った。何か、が違う――。気になってその夜は一睡もできなかった。

その日を迎えるまでの間に、すでに妻と娘二人との間には様々な出来事や心理的葛藤、軋轢《あつれき》があったこと、そしてその過程で自身の父親としての存在感が薄まるどころか、妻子から排除されていたことを、岡野さんは知る由《よし》もなかった。このショッキングな出来事は、その後もさらに悪化する親子、家族関係に心を痛める日々の始まりでもあったのだ。

仙台市郊外の商店街にある小さな喫茶店。トレーナーにスウェットパンツ姿の岡野さんは、次女との出来事を説明した後、テーブルの上に片肘《かたひじ》をついて手の平で額を覆い、もう一方の手で白髪交じりのボサボサの髪の毛をしばしば掻《か》き回した。話すことであの日の情景が蘇《よみがえ》り、いまだ癒《い》えていない苦しみを増幅させることはわかっていても、悩ましい胸の内を聞いてほしい。そんな複雑な心境が、咄嗟《とっさ》の仕草に表れていたようでもあった。コップの水を半分ほど飲んだ後、岡野さんは軽く深呼吸してこう話し始めた。

「震災以降、かなり仕事が忙しくなって週末も出勤していて、娘たちと会話したり、一緒に過ごしたりする時間はほとんどありませんでした。それでも、自分ではそこそこうまくいっているつもりでいたのです。仕事がもう少し落ち着くまでは、娘の教育や生活面でのしつけなどはすべて嫁さんに任せることにして、その代わり、夫婦で深夜でも時間を見つけては娘たちのことについて話し合っていましたし……。娘たちの態度は素っ気なかったですけど……思春期の娘が父親に接する時はそんなものなのか、と気にも留めていなかったんです」

震災による家族の変容

宮城県出身の岡野さんは地元の私立大学を卒業後、仙台市に本社のある中小の食品加工会社に入社し、営業畑を歩んできた。同級生たちが二十歳代半ばから次々と伴侶《はんりょ》を見つけていく中、何度見合いをしても相手から断られ、交際にも至らなかった。ようやく八度目の見合いで妻と巡り会い、結婚したのが、三十一歳の時だった。翌年長女が生まれるのと同時に、三十年ローンで仙台市郊外に戸建て住宅を購入。年子の次女も生まれ、二人が小学校中学年ぐらいまでの間は、休日に家族でキャンプに出かけたり山登りをしたりして、子どもたちとある程度、十分な時間を過ごせていた。本人が「何もかもが順風満帆《まんぱん》だった」と振り返った当時の家族のかたちが崩れるきっかけが、東日本大震災だった。

自宅も会社の工場も大きな被害は免れたが、取引先の生産者や小売業者の中には廃業する者も少なくなく、会社は震災二週間後に工場を再稼動させたものの、経営悪化で工場の作業員にはレイオフ（一時的解雇）が言い渡される一方、岡野さんは経営再建を担う管理職として長時間労働の波に飲まれるのだ。

当時、長女は小学五年生、次女は小学四年生。岡野さんは、家族の生活を守るためにも仕事に全力を注ぎ、娘たちのことは専業主婦の妻に任せることにしたのだという。

「震災直後は娘たちも不安だったと思いますが、嫁さんが娘たちを優しく包み込んで家庭を守ってくれて、自宅に不在のことが多い僕の分もしっかりと親としての務めを果たしてくれた。そのことは、とても感謝しています。ただ……娘たちも思春期になって、いろいろと悩みも増えていったのだと思うんです。その間に、嫁さんが母親として娘たちにどう接していたのか……僕の父親としての存在、仕事の状況などをどう娘たちに伝えていたのか……口惜しいですが、僕自身が全然、把握《はあく》できていなかったのです……」

「でも、先ほどは、奥さんとは時間を見つけて、お嬢さんたちのことについて話していたとおっしゃっていましたよね？」

「あっ、すみません。それも……確かに話してはいたのですが……実際のところは中身のある会話ができていなかったといいますか……。娘たちとの関係と一緒で、嫁さんとも、まあまあうまくいっていた、つもり、という僕の一方的な思い込みだったんです」

「知らなかった」次女の不登校

岡野さんは通常、午前六時半には自宅を出るが、次女から父親を否定する辛辣《しんらつ》な言葉を投げつけられた翌朝は、出勤時間を遅らせた。普段は共にすることのない朝食の時に、次女と顔を合わせたいと考えたのだ。ところが、中学三年生の長女が食事を済ませて登校しても、次女はいっこうに自室から出てこない。妻は顔色を変えることもなく、トレーに食事を載せて次女のもとに運んで行き、「具合が悪そうだから今日は学校を休ませる」と言う。数日後、さらに一週間後、何とか仕事の都合をつけて次女と食卓を囲もうとしたものの、同様の状況が続き、この時点でやっと岡野さんは次女の様子に不審を抱くことになる。

「『学校に行けなくなっている』――。嫁さんに何度もしつこく尋ねたら、そう言うんです。最初は何のことか、意味がわかりませんでした。つまり……不登校、それももう二ヵ月近く続いていると……。もちろん、そんな深刻な事態になっていることに驚き、次女のことがとても心配でした。それに、父親なのに娘のことを何も知らず、娘のために何もできない自分の不甲斐なさに、もうどうしようもなく苦しみました……」

「奥さんはなぜ、お嬢さんの不登校が続いていることを岡野さんに黙っていらっしゃったのでしょうか？」

「…………」岡野さんは少しの間、言葉に詰まる。そうして、注文したホットコーヒーは口付かずのまま、コップの水を飲み干し、重い口を開いた。

「実は……嫁さんと娘たち、特に次女との間でいろいろとあったようでして……。嫁さんとの会話では全然、わからなかったことです。嫁さんが私に話すことといえば、例えば、長女は、高校受験だからバレエの稽古をしばらく休ませていることや、成績優秀だから上位の県立高校は大丈夫だろうと担任から言われていること。それに次女のことについても――今思うと、長女に比べると話す量はかなり少なく、内容もあまり良いものではありませんでしたが――成績が落ちている、人見知りな性格だから先が思いやられる、などと一応、普通に学校生活を送っているように言っていたんです」

「じゃあ、どうして、奥さんとお嬢さんとの間でいろいろとあった、とわかったのですか？」

「……長女、が教えてくれたのです……」

母子密着の弊害

ある日、長女から岡野さんの携帯に、妹のことで話したいことがあるから家の外で会いたい、という内容のショートメールが入った。

岡野さんは仕事を中抜けし、中学校近くのファストフード店で長女と落ち合った。長女が打ち明けたのは、思いも寄らぬ内容だった。

「長女は、自分はたまたま母親の思い通りになっているようだけど、次女は途中から母親に反抗するようになったと……。震災以降、私が仕事で慌ただしくなってから当初は嫁さんと娘二人、仲良くやっていたようなんですが、次女が次第に……。長女は次女のことを心配して、自宅に引きこもって不登校になる前から声を掛けて悩みを聞いてやっていたけれど、最近では次女は母親だけでなく、自分（長女）にも口を閉ざすようになってしまった、と言うんです。だから、僕に助けてほしいと。長女の面倒も次女と同じように、十分に見てきてやれなかったのに、私を頼ってくれて……ありがたかったです」

長女の話によると、母親の強い勧めでバレエを小学校中学年から習い、発表会でも主役級の役を踊ってきた姉と異なり、次女は同様にバレエ教室に通ったものの、二年弱で母親の反対を押し切って辞めてしまった。それを機に、次女はもともと人付き合いが苦手な性格に拍車がかかって友達が減り、成績も伸び悩むようになっていく。そして二、三年前から少しずつ、母親に口ごたえするようになり、母親も次女に対して冷たく接するようになったのだという。長女が教えてくれた内容のうち、岡野さんが知る情報は何ひとつとしてなかった。

長女は、母親の自分に対する過干渉や、妹への突き放した態度には嫌気が差しているようだった。

「それで……長女、が……最後に……」岡野さんがまた口ごもる。と同時に、目がみるみるうちに充血してくる。感情の昂《たかぶ》りを懸命に押し殺すように、こう続けた。

「『お父さんは私たちのこと、好きじゃないの？』長女が……そう悲しそうな目をして、私に尋ねたんです。正直、とても驚きました。すぐに、『そんなわけないじゃないか。二人とも大好きだよ。仕事が忙しくて構ってやれなくて、本当にごめんな』と答えたら……長女は、目を真っ赤に腫《は》らして、声を上げて泣き出して……。それまで、そんなに感情を表に出す子じゃなかったんです。何かに、とても苦しんでいるのがわかって……父親としての役目を何も果たしてこられなかったことが申し訳なくて……ただ、ただ、謝り続けました」

長女がどうして父親に愛されていない、と思ったのか。岡野さんが尋ねても答えは返ってこなかった。

次女の不登校について、またそのこと自体を自分に黙っていたことについて、妻とはどのように話し合ったのか。

「次女の不登校を知った直後に、嫁さんに問いただしました。それに対して妻は、『(娘たちのことは)私にすべて任すと言ったんだから、今さら口出ししないで。伝えたところで、あなたには何もできないでしょ!』と、普段は見せないすごい剣幕でまくし立てて……。担任の先生に呼ばれて話はしに行っているようなんですが、詳しいことは何も教えてくれませんでした。それ以来……情けないですが……妻ともほとんど会話ができなくなってしまいました。もう、どうしたらいいのか……。さっきも言いましたが、この時点で初めて、実は嫁さんと表面的なコミュニケーションしか取れていなかったということに気づいたんです」

長女の助けとボランティア活動

次に岡野さんに会えたのは、八ヵ月余り後。この間最初の数ヵ月は、「お話しできるような進展はない」と面会を拒否され続けていたのだが、二ヵ月ぶりに電話を入れた際、彼は詳しい近況は明かさず、取材を承諾してくれた。トレーナーにスウェットパンツ姿というラフな格好は変わらない一方、白髪が増えた髪の毛はまとまっていて、以前のようなやや落ち着きに欠ける様子は影を潜《ひそ》めていた。

「あれから、お嬢さんはどうされていますか？」単刀直入に質問してみる。

「ある活動への参加がきっかけで、徐々に外に出て行けるようになりまして……。半年余り不登校は続いたのですが、中学三年生に進級してしばらくしてから、何とか学校に通えるようになりました」

次女は不登校が続く中、老人ホームなどの福祉施設を訪問し、折り紙やコマ回しなどの昔遊びのレクリエーションを行うボランティア活動に参加し始めたことで、少しずつ自分の殻《から》から抜け出せるようになっていったのだという。このボランティアグループを探し、活動への参加を粘り強く次女に勧めたのが、現在高校一年生の長女だった。

「長女は自分が高校の受験勉強で大変なのに、妹のために本当によくやってくれました。最初のうちは活動にも付き添ってやってくれて……。私も嫁さんも力が及ばなかったことですから……」

「その後、お嬢さんたちとの関係はいかがですか？」

「まず、長女と二人きりで、それまで明かしてこなかった思いを吐《は》き出し合えたことが、とても良かったと思います。それがきっかけで、長女が次女との間に入って私の思いを伝えてくれたりして、助かりました。次女とはまだ会話は少ないですが、ボランティア活動のこととか、学校生活のこととか尋ねると、答えてくれるようにはなったんですよ。本当にうれしいです。ただ……いまだ……あの夜、どうして私に『お父さんなんて思ってない』と言ったのか、私との関係でどう悩んでいたのか、についてはわからないのですが……」

「奥さんとはどうですか？」

「……うーん、話す時間は減りました。でも……前のように上辺《うわべ》の会話がなくなって、互いに話すなら本心で、と思い始めている表れなんじゃないかと前向きに考えるようにしています。今も……週末はできるだけ仕事を家に持ち帰り、出勤は控えるように努めてはいますが……会社の業績はまだ震災前の水準に戻ってはいませんからね。娘たちと、嫁さんと、過ごす時間が短いことに変わりはないんです。これからどうしたらいいのか、自分の中ではっきりとした答えが出ているわけではないのですが……仕事も大事だけれど、家族の問題から目を逸《そ》らしてはいけない、とやっと思えるようになったという段階でしょうか……」

岡野さんは言い終えると視線をわずかに外《はず》し、どこを見るともなく、取材場所の喫茶店の窓から遠くを見やった。

「子どもを味方にしたかった……」

岡野さんから了解を得て、彼を介して妻への取材を申し込んだが、前向きな返事は得られなかった。だが、岡野さんとの再会から二ヵ月ほど過ぎた頃、不意に妻から直接、会ってもよい旨のメールが届いた。

指定されたのは、自宅から電車で十五分ほどの場所にある、駅前のショッピングモール内の洒落《しゃれ》たカフェ。岡野さんの妻は紺の無地ワンピースに、所々に花柄の刺繡《ししゅう》が付いた白のカーディガンを羽織っていた。この年人気のゆるいパーマのかかったボブヘアーで、まつ毛には明らかにそれとわかるエクステンションが施されていた。

これまでの取材の概略を説明しようとすると、途中で私の言葉を遮《さえぎ》り、妻は少し興奮ぎみに切り込んでくる。

「主人から、奥田さんは男性のつらさとかをテーマにずっと取材されていると聞きました。だから、私たち夫婦、親子の問題を一方的に男性が被害者として扱われるのは嫌だと思ったんです」

「そんなことはないですよ。双方の思いを伺うために、今こうして奥さんにお目にかかっているのですから」

「じゃあ、私が言うことをちゃんと聞いてもらえますか？」

「もちろんです」

妻はある程度納得してくれたのか、今一度姿勢を正して目を見開き、こう語り始めた。

「主人の仕事が大変なのはよく理解していましたから、私が娘二人の面倒を見ることを引き受けて、しっかりとその責任を果たしてきたつもりです。勉強も見てやって、それから、バレエも習わせました。私が昔習いたかったけど、きょうだいが多くてバレエ教室なんて通わせてもらえなかったから。長女は踊りの才能があってすごいんですよ。それに勉強もできるし。でも、次女は……引っ込み思案でダメでね。友達もできないしバレエも勝手に辞めてしまって、挙句には不登校でしょ。私がこんなに娘たちのために、父親の分も一生懸命にやってきたのに……主人も、学校の先生も、誰もわかってくれないんですもん……」

妻の瞳からは大粒の涙が次々と溢《あふ》れ出す。頬《ほお》をつたう滴《しずく》を膝の上に置いた白いレースのハンカチでも、手でも、拭《ぬぐ》おうとしない。

「それは、おつらかったですね」

「わかってもらえますか？」

「ええ。でも、どうしてお嬢さんの状況、不登校になっていることさえ、ご主人に話されていなかったのですか？」

「…………」

「大変失礼なのですが、お嬢さんたちはお母さんとの関係でも悩んでいたようで、下のお嬢さんのお気持ちはわからないですが、上のお嬢さんはお母さんが自分に干渉し過ぎる、お父さんから愛されていないんじゃないか、と苦しんでおられたようなんですが……」

「そんな！　誰がそんなこと、言ったんですか！」

顔が瞬時に紅潮し、唇が震え出す。涙は乾ききっていた。誰かへの怒りと悔しさと切なさと……様々なネガティブな感情が今にも爆発しそうだった。

「少し取材を中断しましょうか？」

すると、妻がかすかに、にやっと笑ったような気がした。

「あのー、奥田さんって、結婚されていないんでしょ？　ネットで見たんですけど……。独身は気楽でいいですね」

「そんなことはないですよ。やはり喜びも苦しみも分かち合って生きてゆけるパートナーがいればどんなにいいか、と思います。夫婦、親子の間にどんな問題が起きても、それを糧《かて》に心の絆を深めて共に困難を乗り越えてゆく、そんな家族の力、を私は信じています」

妻は、今度は背中を丸めて顔を伏せる。ほんのわずかの間を置いて、小さくむせび泣く声が聞こえてきた。

「……す、み、ません……私、娘たちに主人の悪口ばかり言って、いま、した……。仕事と娘たちのことばかり気にしている主人がいつか、私を見捨てようとするんじゃないか、って、とても不安になって……。だ、か、ら……子どもを自分の味方、にしたかった、んです……」

「きっと、大丈夫ですよ。これからじゃないですか」

「そ、う、でしょう、か……」

そう言って顔を上げる岡野さんの妻の表情は、幾分か気負いが緩んだように見受けられた。

「妻に大切な息子を奪い取られてしまった」

別れた息子に会いたい――

わが子との関係に思い悩むのは、現に家族の一員として存在する父親だけではない。妻の一方的な離婚の申し出によって親権も息子に会う権利も奪われ、血のつながった父親として自責の念を深めながら、わが子を想《おも》い続ける男性もいる。

京都府郡部のある町。行政施設内に設けられた談話スペースで、大原武雄さん（仮名、四十四歳）は腹の底から吐き出したような太い声で、こう切ない想いを明かした。

「息子に会いたいんですわー」

一人息子の教育方針や自身の仕事を巡り、徐々に溝が深まりつつあった妻からある日突然、離婚を突きつけられたのが、一年ほど前。大原さんは予想だにしなかった展開にただ慌てふためいた。しかし、もうその時点で夫婦間での話し合いの余地は全く残されておらず、妻側からの要望をすべてのみ、協議離婚に応じた。離婚に際しての合意事項は、息子の高校卒業までの養育費を支払うこと。所有権・住宅ローンの名義を共有で購入したマンションには妻子が住み、大原さんは出て行くこと（ただし、名義を妻に変更したうえで、残りの住宅ローンは共同で支払う）。さらに息子の親権は妻が持ち、大原さんには息子との面会交流権を認めないこと。本人は「気が動転して、特に息子のことについては事の重大さを考えずに元妻の要求を受け入れてしまった。迂闊《うかつ》だった」と振り返るが、この己の判断が後々、大原さん自身を大いに苦しめることになるのだ。

この日、月に一回開設されている行政の無料法律相談に訪れた大原さんは、今から息子の親権を元妻から奪い返せないか、と弁護士に尋ねたが、間髪を容れず、「無理」との回答だった。だが、わが子が成人すれば、父母どちらの親も子に対する権利義務関係で法律上の差は無くなる。弁護士からは、「父母が離婚しても、親子はいつまでも親子のままなのですよ」と言われたというが、大原さんの心の痛みを和らげるものではなかったようだ。

教育方針で妻と対立

大原さんは関西の難関私立大学を卒業後、中堅ゼネコンに技術職として入社し、現場での経験を積んで一級建築士の資格を取得した。二十九歳の時に同じ大学のサークル仲間だった妻と七年間の交際を経て結婚し、翌年には長男を授かった。妻は食品メーカーの総合職として勤務し、一年間の育休取得後、職場に復帰して仕事を続けていた。

最初に夫婦間に不協和音が生じたのは、六年前に遡《さかのぼ》る。息子の中学受験を巡る問題だった。母校の大学の付属中学校を受験させたいと願う妻と、自身がそうであったように、高校までは公立に進んで様々な経済・生活環境で育った同級生と交流することが望ましいと考えていた大原さんとの間で、意見が対立したのだ。結局、大原さんが折れ、息子を小学三年生から中学受験のための塾に通わせることにした。

その理由を尋ねると、大原さんはほんの少し考え込んだ後、やや心もとないような表情でこう説明した。

「負い目、だったんでしょうかねえ、妻への……。夫婦ともに仕事を持ちながら、家事も子育ても、子どもの教育も互いに協力してやっていく、という約束で結婚したのですが……実際には、妻に、特に息子のことでは大きな負荷がかかっていたんです。妻からは何度も、『もっと手伝ってよ』と言われていたんですが……なにせ、リーマン・ショック後の景気低迷の波を建設業界はもろに受けましたからね。業績を改善させるために働き詰めの毎日で、とても息子の面倒を見られる状況やなかったんですわ。そやから、ここは妻の好きなようにさせてやろうかと……」

「でも、大原さんの仕事が大変なことは、奥さんも理解されていたのではないんですか？」

「いや……妻には、詳しく話してなかったんです」

「どうして、ですか？」

「うーん、余裕がなかったというのもあるし……なんや、一人前の男が仕事でつらい思いをしているのを、妻に話しづらかったというのもあったかもしれません。それに……」大原さんは束《つか》の間、押し黙る。

「それに、何ですか？」

「……女性は職場で家事・子育てとの両立が、会社の体面《たいめん》や社外向けアピールもあって、支援されていますが、男はそういうわけにはいかへん。本当は、そういう男女の置かれた環境の差も含めて、『頼むから、我慢してくれ』と言いたかったんですけど……」

交われない父子

息子は小学二年生の時、自らの希望で始めて熱中していた地域のサッカー教室も、母親の強い助言によって塾に通い始めてから一年半後にはやめ、中学受験の勉強に集中した。が、受験を一年後に控えた小学五年生の三学期頃から成績が落ちてゆき、第一志望校を含めて受験した三校すべてで不合格となってしまう。

中学受験の失敗を契機に、息子との関係がギクシャクし始める。

「それまでは、時間は短くても、息子と顔を突き合わせてある程度、話はできていたと思うんです……『中学行ったらサッカー部に入って一年生からレギュラーになるから、試合ぐらい見に来てや』――『当たり前や、頑張れよ』とかね。小さい頃は、よく一緒にサッカーをして遊んでやっていましたんで。それが……中学受験の半年ぐらい前からどちらからともなく会話自体がほとんど無くなって、不合格後は……一方的に無視されて、しもうて……いや、あっ、すいません……」

大原さんは猫のように背中を丸めてうなだれ、右手のげんこつを数回、額に打ちつけた。

「……いや、ちょっと違うかな。俺のほうも、息子に対して腫《は》れ物に触るように接してしもうて……ちゃんと向き合えていなかったのかもしれません。ほんま、すいません……あの頃、息子との関係が悪くなっていった状況を、まだ冷静に振り返れないんです」

息子は公立中学校に進学したものの、サッカー部には入部しなかった。以前は明るかった表情から笑みがぱったりと消え、父親だけでなく、母親が話し掛けてもろくに口を利《き》かなくなってしまう。そのことを大原さんは妻から聞かされ、度々、「父親らしく、何とかしてよ」と訴えられていたという。

追い出される父親

息子が中学に入学してから半年近く後、夫婦間の亀裂《きれつ》は決定的となる。大原さんが自ら下した仕事に関する決断がきっかけだった。

「会社ではその数年前から、複線型のキャリア管理、というて、従来のラインに乗った管理職コースに加えて、俺みたいな建築士ら技術職の専門職コースが新たにできていたんです。専門職のキャリアパスが設けられたことで、以前のように管理職を務めながら技術職にも片足突っ込むということができなくなって……つまり、建築士として第一線では働けないわけです。俺としては、管理職の肩書や役職手当が付く分高い給料よりも、あくまでも現場、にこだわりたかった。そやから、専門職コースを選んだんです。それに……息子との関係がうまくいかなくなっていましたから、管理職にならないほうが息子と過ごす時間が増えるのではないかとも考えました。その俺の選択に、妻は激怒してしまうたんです」

近年、専門的技能のある社員を対象に、管理職とは別の複線型のキャリアパスを設ける企業が増えつつある。社員の能力を生かして働くモチベーションを高める、という狙いも確かにあるが、実のところは人件費削減が主眼であるケースが少なくない。

妻はもともとキャリア志向が強かったが、自分は総合職ながら、出産してからは子育てと両立するために仕事の量も質も制限され、男性社員と同じように活躍していく道を歩めないと悟っていたらしい。このため、夫に自身が成し遂げられない仕事の夢を託し、以前から再三にわたって、「管理職として、とことん出世してほしい」と伝えていたらしい。妻への報告が、給与明細が手元に届いた時点で、専門職コースを選んでから二ヵ月後と、遅れたことも妻の憤慨《ふんがい》に拍車をかけたようだった。

「俺からの説明を全く受け付けず、妻は一時間以上、金切《かなき》り声で怒りをぶつけ続けた後、いきなり無表情になって……。とても驚いたし、恐ろしくもなりました。それで、何を言うかというと……『一緒にいるとこれからのことが冷静に考えられないから、しばらく家を出て行って』と。それが……妻との最後、でした……」

「しばらく」のはずで、取るものも取りあえず会社近くのウイークリーマンションに移った大原さんの携帯に、妻に代理人を依頼された弁護士から連絡が入ったのは、それから一ヵ月も経たない時だった。電話にもメールにも返事のない妻に業《ごう》を煮やしていた彼にとって、弁護士が口にした「離婚協議について」という言葉は、想像をはるかに絶するものだった。

結局、大原さんは自宅の門を一度もくぐらせてもらえなかった。離婚協議はすべて妻の代理人である弁護士を通じて行われ、自宅だけでなく、家財道具の大半は妻に取られてしまう。後に賃貸マンションに転居する際、自分名義の預貯金通帳や印鑑、ゴルフバッグなどがまとめて宅配便で送りつけられてきた。そこには何のメッセージも添えられていなかったという。

「妻から家《うち》を追い出され、大切な息子まで奪われてしまった、んです。ショックとかいうより前に……なんちゅう、んか……呆気《あつけ》にとられた、というのが、正直な気持ちですかね……」

息子に会いたい気持ちが募り、離婚から数ヵ月後に自宅を訪ねたが、門前払いを食らう。翌日、弁護士から接触を控えるよう、通告を受けた。

「もう、これぐらいでいいでしょうか……」疲れた様子で腰が重そうに席を立ち上がろうとする大原さんに、聞いておきたいことがあった。

「奥さんとの関係が崩れる要因ともなった、仕事で専門職コースを選択したことを今、どう振り返られますか？」

「……やむを得なかった、と思っています。仕事はやっぱり、男としての自分の価値を決める大きな要素ですし……。確かに息子との関係も考えましたけれど、最終的な判断は俺のため、やったと自分に言い聞かせています。ただ……そのことも影響して、息子を妻に取られてしまったことが……離婚そのものよりも、何倍もつらいんです……」

離婚＝《イコール》子どもとの別れ

司法統計年報によると、二〇一四年度に全国の家庭裁判所での離婚調停・審判で離婚に至った夫婦のうち、母親が未成年者の子どもの親権者となったケースは一万八千二百四十六件あるのに対し、父親が親権者となったケースは二千二件でわずか一割にすぎない。親権者を決める際、離婚が調停や審判、裁判に持ち込まれた場合は家裁の判断基準として「子の福祉」、つまり子どもの幸せが重視されるが、それは子どもの現在の生活を尊重することと直結し、自《おの》ずと身の回りの世話をして一緒に過ごす時間の長い母親のほうが有利となる。夫婦が別居中で母親が子どもと共に暮らしているケースでは、なおさらであろう。

十歳前後などある程度の年齢以上であれば、子どもの意思も基本的に重視されることにはなっており、家裁調査官が面接などによって意向を尋ねる場合もある。しかし、子どもの考えをより家裁に届けやすくするため、離婚に伴う親権争いなどで子どもの意見を弁護士が代弁する「子どもの手続き代理人」制度が家事事件手続法に規定され、二〇一三年一月から導入されたにもかかわらず、日本弁護士連合会の調べでは、二〇一五年十月末時点で弁護士が選任されたケースは九〜十八歳の子どもの十九件にとどまっている。

また、離婚後子どもと離れて暮らしている親が子どもと会って交流する「面会交流」の取り決めについては、厚生労働省の二〇一一年度「全国母子世帯等調査」によると、子どもの父親との「面会交流の取り決めをしていない」と回答した母子世帯の母親が七三・三%に上った。離婚に家裁が関わる調停、審判などでは、面会交流の取り決めがなされる傾向にはあるが、離婚の約九割を占める、夫婦の話し合いで離婚に至る協議離婚の場合は、大原さんの事例のように、妻の一方的な要望によって、本来は尊重されるべきわが子に会う権利まで奪われるケースが多いのが実情なのだ。

すなわち、多くの父親にとって、妻との離婚はイコール、わが子との別れを意味する。そして、子どもにとっても、両親の離婚で父親と離れ離れになる過程で、自分が蚊帳《かや》の外に置かれたという気持ちが拭えない場合も少なくないのではないか。

非行に走る息子

父親として後悔の念に苛《さいな》まれながら、息子との再会に一縷《いちる》の望みを託していた大原さんは自宅を出てから一年半後、その実現を果たす。最初の取材から半年後のことだった。しかしながら、それはなおいっそう大原さん自身を追い詰めるものだった。

息子はいつしか、非行に走っていたのだ。

「茶髪でダブダブの学生服ズボンをはいた息子の変わり果てた姿を見て、頭を後ろから金槌《かなづち》で殴られたようで……めちゃめちゃに打ちのめされました……」

その再会から四ヵ月ほど経た頃、再びインタビューに応じてくれた大原さんはそう打ち明け、虚《うつ》ろな表情で、取材場所の行政施設の高い天井をぼんやりと眺めた。

大原さんはある日、息子がサッカー教室に通っていた時に、親しくしていた同じ教室の男子の父親から、「息子さんの様子がおかしいのを知ってはりますか？」と連絡をもらった。息子同士、クラスは違うが同じ中学校の同学年で、学校内で「不良グループ」として噂《うわさ》に上がっている中に息子がいるようだと、教えてくれたのだという。

「半信半疑でしたが、居ても立ってもいられなくなって、そのお父さんに情報を集めてもらって、仕事を早引けして連中がたむろしているという学校近くのコンビニ裏で待ち伏せしていたら……息子が、仲間とやって来たんです……そのー、タバコ、を吸いながら……」

「その時、息子さんとは何か、話されたのですか？」

「……いや、そのー、あー……」大原さんがわずかの間、頭《こうべ》を垂れる。そうしてこう、弱々しい声で明かした。

「一瞬目が合って、向こうも俺と気づいたようで……。数メートル離れた先から大きな声で、息子が……吐き捨てるように言いました。『母さんに捨てられ、俺を見捨てた父さんを、許さんからな！』と。それで……俺は、何も言えず、息子の顔を見ることもできんまま、その場を立ち去ってしもうたんです……」

「想いは伝わったのか……」

その悲痛な出来事が逆に、父親としての己を奮起《ふんき》させることとなる。大原さんは時間を見つけては息子の立ち寄りそうな場所を訪れ、接触を試みた。

「あの子が中学受験に失敗した時も、俺が家《うち》を出た時も、あの久しぶりに再会した時も、自分から目を背けてしまった。もうそれではあかん、と思ったんですわ。それで、手紙を……。俺が、父親として何もしてやれなかったこと、お母さん（元妻）に仕事の悩みを話せずにちゃんとコミュニケーションが取れなくて仲がこじれてしまったこと、それから俺は絶対に息子を捨てたんやなくて、今でも息子のことを大切に思っていること……なんや恥ずかしいですけど、初めてそんな思いを込めて何通も手紙を書いてね。それを行き合えた時に手渡しするようになったんです。最初は見向きもしてくれへんかったけれど、何度も繰り返しているうちに、受け取ってくれるようになりまして……。ほんまにうれしかったです」

大原さんは息子の学校生活を直接知ることはできなかったが、手紙を息子が受け取るようになってから二ヵ月ほど過ぎた頃、サッカー教室で知り合った父親から、以前はたびたび授業をサボったり、無断欠席したりしていた息子が次第に、真面目に学校に通うようになっている、ということを聞かされた。息子が喫煙していた様を見かけてからしばらくして、息子を含めたグループ数人が数日の出席停止になっていたことも知る。

「まだまだ素っ気ない態度は同じやし、手紙に返事を寄こしたり、話し掛けても返事したりすることはないですが……息子が少しでも前向きに変わってくれていることを願っているし、現にそうやと信じているんです。ただ……それが、俺の手紙のせいなんか、出席停止とか学校からお灸《きゅう》を据《す》えられたからなんか、それとも、元妻が何とか息子を更生させようと頑張ってくれたんか、状況はわかりませんけどね。フフッ」

話の最後で、大原さんはかすかに笑みを浮かべた。それまでの取材で初めて見せた明るい表情だった。

改めて今、息子との関係をどう考えているのだろうか。

「前に、(行政の無料相談の)弁護士の人から、『親子はいつまでも親子』って、言われたことを話しましたやろ。あの時は何の慰《なぐさ》めにも励みにもなりませんでしたけど、今はこの言葉が、自分にとって大きな心の支えになっているんです。まだ俺の想いが息子に伝わったのかどうか自信はありませんし、これから息子との関係が改善していくのかも全くわかりません。でも……もう、逃げたらあかん、と思っています」

そう言い終えると、大原さんは深く頭を下げて、颯爽《さっそう》とその場を立ち去った。

父親から「逃げる」男たち

わが子の子育て、教育に関わりたいと強く願いながらも、長時間労働やリストラの危機など厳しさを増す職場環境から、それが実現できずに苦悶《くもん》する男たちは多い。

内閣府の二〇一四年「女性の活躍推進に関する世論調査」によると、男性が家事・育児を行うことへのイメージについて（複数回答）、男性の回答では「男性も家事・育児を行うことは、当然である」が五八・〇％と突出して多く、「男性は、家事・育児を行うべきではない」はわずか三・〇％にすぎなかった。

一方で、総務省の二〇一一年「社会生活基本調査」では、核家族世帯で、父親が育児に費やす一日あたりの平均時間は、共働きの場合は十二分、夫が働き・妻が専業主婦の場合は十九分で、前回の二〇〇六年の調査に比べると二～四分長くなったが、母親（共働きは四十五分、夫が働き・妻が専業主婦は二時間一分）との間にはいまだ大きな隔《へだ》たりがある。

だが、思い煩《わずら》うということは、父親であり続けたいという意志を保持している証《あかし》でもある。

今回の一連の取材で明らかになったのは、苦悩し、絶望した挙句、父親であることから「逃げる」ところまで窮地《きゆうち》に追い込まれている男性が増えているという――取材者としてのわが目を疑うような、しかし紛れもない――事実だった。多くが、自分の思い通りにはならないわが子の言動に直面し、あまりの衝撃にうろたえて為す術《すべ》がなく、父親としての自身の存在そのものを放棄していたのだ。近年、父親としての理想と現実のギャップがますます広がるがゆえに、自ら深き落とし穴にはまっていっているようにさえ見えた。

父親が子どもとの良好なつながりを築いていけるかどうかには、夫婦関係、妻と子どもとの母子関係がいかに重要なカギとなっているかも、痛感させられた。父親がわが子と過ごす時間が短くても、妻と子育てや子どもの教育について十分に話し合い、心から触れ合うことができていれば、問題はない。むしろ妻としては、夫が仕事で精一杯にもかかわらず無理して育児に参加しようとして仕事に支障をきたすよりも、職務に邁進《まいしん》してほしいと願っているケースが多い。

しかしながら、夫婦の間に何らかの亀裂が生じている場合では、過度な母子密着の末、父親が家庭から疎外《そがい》され、実質的に子どもを妻に奪われてしまっているケースも少なくなかった。すなわち、妻が子どもを自分の味方につけるため、自身が夫に抱く不満などを吹き込んで子どもの心にネガティブな父親像を植え付けてしまうのだ。

夫からすれば、妻の身勝手な行動であると憤慨《ふんがい》するであろうが、自分の過酷な労働環境や家族を愛《いと》おしむ想いを妻に伝えてこなかった男性側にも非はある。こうした状況下では、夫が家庭の隅《すみ》へ追いやられるだけでなく、子ども自身の心を傷つけ、健全な成長を妨げ兼ねない。育児に関わる時間の問題ではなく、確たる父親の存在が、子どもの社会性を育むとともに、母子密着の暴走への抑止力としても不可欠であることを今一度、本人と妻、そして社会が再認識すべきではないだろうか。

なぜわが子を見失うのか

わが子に自分が叶えられなかった夢を託し、より良き人生を歩んでもらいたいと願うこと自体は、貴《とうと》い親心だ。だが、そこには己が職場で置かれている苦境から精神的に脱出するはけ口としての動機も潜んでいた。

また、男たちが実際には難しいにもかかわらず、もっと子どもと密接に関わらねばならないという強迫観念にも似た意識に囚《とら》われている背景には、「育てる男が、家族を変える。社会が動く」とまで国民を扇動する国のキャンペーンや、メディアのセンセーショナルな報道も相俟《あいま》って大衆に急速に広がる「イクメン」ブームによる、社会的圧力が大きいことは言うまでもない。加えて団塊ジュニア世代には、団塊世代の父親との希薄な父子関係が影を落としているケースも見受けられた。仕事一筋の団塊世代の中には、子育てや子どもの教育を顧《かえり》みる余裕がなく、妻に任せ切りにし、そのことを当然のように捉えてきた男性が少なくないだろう。そんな父親にはなりたくない、という反面教師的な思いも見え隠れした。

子どもは、わが理想を具現化するロボットではない。親子関係を育み、家族の絆を実感するかけがえのない時を経て、わが子はやがて己のもとを巣立ってゆくのだ。思い描いたシナリオ通りに成長してくれないからと自暴自棄になり、その結果、子どもを見失ってしまう――。わが子のためを考えているようでいて、あまりにも身勝手ではないだろうか。

第4章 母親の呪縛

——「血」から逃れられない

「嫁となら離婚もできる。でも、おふくろは一生つきまとうんです」

就職難ばかりか、結婚難も乗り切って家族を持ち、母親からはてっきり自立したつもりでいた既婚男性も、自立できないまま、母親に世話をしてもらう暮らしを当然のように送ってきた独身男性も、中年期に差し掛かると、不意に産みの親の存在が重く肩にのしかかっていることに気づく。職場や自らが築いた家庭での苦境に、さらなる追い打ちをかける「血」の呪縛の始まりである。

身体《からだ》の弱った母親から頼りにされ、その過剰な求めに応じ続けた末に自身の家庭崩壊の危機を招いた男性が、憤《いきどお》りをぶつけるように語った言葉に、やるせない思いがして目のやり場に困った。共に暮らす母親に介護が必要となり、ケアされる側からケアする側に立場が逆転したことで苦悶《くもん》し、危険な病に陥った独身男性。さらには、要介護状態の母親に執心するがゆえに妻の異変を見逃し、自ら苦悩の隘路《あいろ》にはまり込んでいった男性もいる。

母親を愛《いと》おしむ気持ちと、容易には断ち切れない「心の鎖」——。男たちは母親から逃れられず、深い葛藤《かっとう》を抱えていた。

不意におふくろに縛《しば》られた――

毎朝、工場の生産ラインの脇で繰り返される朝礼・ミーティング。ありふれた日常が、この日、三浦清二さん（仮名、四十歳）には異様な光景に映った。滋賀県北東部の都市にある精密機械メーカーで加工部門のグループリーダー（課長職）として、工程を説明し始めた時、頰《ほお》のこけた上司の顔がぼやけて膨張して見えてくる。自身に作業内容を確認してくるその声が幾重《いくえ》にも反響して聞こえる。そうこうしているうちに、激しい動悸《どうき》、めまいが起こり、目の前の十数人の作業員が一気にこちらに向かって押し寄せてくるような圧迫感に見舞われた。途端、意識が遠のいて全身の力が抜け、その場にバタンとくずおれた。

気がついた時は病院のベッドの上だった。救急車で搬送され、一週間入院。脳のCTなどいくつか検査を受けたがどこにも異常はなく、疲労回復と栄養補給の点滴治療で症状が改善するのを待ち、退院間際に精神科を受診したところ、社交不安障害（旧名・社会不安障害）と診断された。他者の視線に恐怖を抱いたり、人前で話すことに極度に緊張、不安を感じたりして、社会生活が困難になる心の病とされる。

大学卒業以来、二十年近く心身共に健康で、ほとんど欠勤することなく働いてきた三浦さんにとっては、「寝耳に水」の病だった。

「不意におふくろに縛られた。それがすべての元凶でした」

退院後さらに二週間会社を休んで治療に専念して病状は少しずつ快方に向かい、三ヵ月近く前から職場に復帰しているものの、SSRIと呼ばれる新規抗うつ薬などの投薬治療を続けている。生産ラインに出るとまだ軽い動悸や手の震えなどの症状が出るため、今は工場内の管理センターで事務業務に就く。彼が選んだ取材場所も、友人が営む自動車修理工場内の三、四人が座れる程度の小さな談話室だった。三浦さんの心身の状態を気遣いながら、ゆっくりと質問を進める。

「お母さんに縛られた、というのは……いったいどういう出来事があったのですか？」

三浦さんは胸の高い位置で身体を抱きかかえるように腕組みをして、ほんの少しの間談話室の壁を凝視した後、一言ひと言、かみ締めるように説明を始めた。

「京都で一人暮らしのおふくろが、自宅で転倒して、足の甲の骨にひびが入りまして……。兄貴は転勤族で九州にいますから、私しか面倒を見る者がいない。おふくろも電話で『あんたしか頼りになる者はおらへん』と寂《さび》しそうな声で言うし……。そやから、仕事を早退して、慌てて入院先の病院に駆けつけました。四、五日、残業も勘弁してもらって毎日通ったんです。退院して自宅に送り届けて、それで……やっと、ひと安心や、そう思いました。それやのに……

それが、大惨事の始まりで……」

表面化する嫁姑の確執

三浦さんはそう言い終えると、つらい出来事が脳裏《のうり》に浮かんだのか、大きく息を吐《は》き出してから目を閉じ、固く組んだままの両腕の間に顔を埋《うず》めた。話す相手が私一人とはいえ、やはり病状を踏まえると現時点での取材は好ましくないかもしれない。だが、ここで引き返すわけにもいかない。どうしたらいいものか、判断に迷っていた時、だった。

「すいません」と言って三浦さんは顔を上げると、今度はテーブルの上に両肘《りょうひじ》をついてやや前かがみで、話を続けた。

「話を聞いてもらうつもりでわざわざ来てもらったんやから、しっかりせんと……。おふくろが退院してもすぐに元通りに歩けるわけやないので、病院のリハビリに付き添って、家事は家政婦さんを手配して……なんやかんやで、ほぼ毎日、仕事を中抜けしたり、早退したりして、おふくろのところに通い詰めだったんです。週末は泊まりがけで……。仕事も自分の家庭も、どうでもよくなっていたのかもしれません。そんな状態が二週間ぐらい続いた頃から……とうとう嫁がぶつぶつ言うようになって……」

三浦さんは京都府南部に暮らす六十八歳の母親のもとまで、電車とバス計四本を乗り継いで片道二時間余りの道のりを通い、世話を焼いた。職場は一時的な窮状《きゅうじょう》を察し、理解を示してくれたものの、妻はそうはいかなかった。専業主婦だが、小学六年生から二年生まで一男二女の子育てで日々、慌ただしい。普段から仕事で十分に育児に関われない夫が、仕事ならまだしも、母親のために家庭を空けることに、怒り心頭に発したのだという。

「それなら、代わりに奥さんにお母さんのところへ行ってもらうことは難しかったのでしょうか?」

何の気なしに放った質問に、三浦さんは頬を紅潮させてこう一気にまくし立てた。

「奥田さん、何言わはるんですか! そんなことできるわけないやないですか。嫁と姑《しゅうとめ》ですよ。よそさんのことはようわかりませんけど、みな大なり小なり、仲は悪いもんです。例えば、おふくろがおやじの三回忌で嫁がろくに働かへんかった、と愚痴ったら、嫁は子どものしつけにまで口出ししてきてお母さんが鬱陶《うっとう》しい、ってな具合ですわ。そういうのが積もり積もって、今度のおふくろの怪我《けが》で爆発ですわ。『私よりもお母さんを取るんか! このままやったら離婚や』とね。ヒステリックに騒ぎ立てて、こっちが頭がんがん痛くなるぐらい」

「お母さんのほうはどうなんですか?」

「嫁と全く一緒ですわ」

「えっ?」

「最初は私に『ありがとう、ありがとう』と、優しい言葉を掛けてくれていたんです。でも、うっかり嫁があまりいい顔していない、ということを言うてしもうたら、キレてしまいました。『息子が母親の面倒を見るのは当たり前。嫁は何様のつもりでいるんや』なんて嫁を散々けなしてから、最後には『あんたは私と嫁と、どっちが大事なんや！』です。それから、余計に『痛い、しんどい』の繰り返しで、私が仕事中も自宅にいる間も、よく電話してくるようになって……。もう振り回されています」

母親と妻との板挟みに苦悩し、職場では十分に力を発揮できていない負い目を感じながら、心身の疲労を極めていった三浦さんは、ついに冒頭で紹介した社交不安障害を発症してしまうのだ。

だが、母親の足の怪我は三ヵ月ほどで回復し、一人で身の回りの事はできるようになったにもかかわらず、「足腰が弱って心配やから」、今も週末のすべてを割いて実家で母親と共に過ごしている。一方で、自宅では「嫁や子どもがうるさくて息が詰まる」という。「縛られた」という母親に自ら歩み寄り、自身の家庭には拒絶感を示す。三浦さんの心中《しんちゅう》を慮《おもんぱか》ろうとすればするほど、どこかしっくりとこない感覚が高まるのを抑えることができなかった。

切れない「血」の枷《かせ》

それ以降、三浦さんからは月に二、三度、電話で近況を聞いていた。家族問題の渦中にある段階で話を聞くのは嫌がられるかと考えたが、彼は好意的だった。二ヵ月ほど過ぎたあたりから、頻繁に口にする「ほかに誰も話す人がおらへんから」「やっぱり一人でいるのが快適ですわ」という発言が気にかかり始める。そして、ある日突如として受けた連絡——。

「実は……一ヵ月ぐらい前から自宅を出て、平日はネットカフェで朝まで過ごしているんです」

迂闊《うかつ》だった。そんな大きな生活環境の変化があったことを聞き出すのに、時間を費やし過ぎてしまった。

さっそく、金曜日の深夜、彼が〝定宿〟としているネットカフェで落ち合った。社交不安障害は以前よりも改善し、仕事では元の部署に復帰した。今は重要な会議などの緊張する時だけ、精神安定剤を飲んでいる程度らしい。私も会員登録をして入店したうえで、三浦さんの個室で経緯を尋ねることにした。

「離婚は大変やいうけど、嫁とならば別れることもできる。でも、血のつながっているおふくろは、切れへん。一生つきまとってくるんです」

開口一番、三浦さんはそう、パソコン画面に目を向けたまま、隣室にはっきりと聞こえるほどの大声で思いの丈《たけ》をぶちまけた。

妻の攻撃から逃れるように、着の身着のままで自宅を後にしたのだという。依然として、週末の実家通いを続けながら。

母親への執着

母親への執拗《しつよう》なまでの執着――。これが三浦さんの苦しみの真の原因なのではないか。前回の取材終盤で思考を覆っていた靄《もや》が、少しずつ晴れてゆくようだった。こちらを見ようとしない三浦さんの横顔に向かって、尋ねてみる。

「お母さんとは、幼い頃から仲が良かったんですか？」

「…………」パソコンから視線を外し、小さな個室の壁を見据えて黙った三浦さんの眉尻がピクッと動いたのを、しかと確かめる。

間違いない。ただ、ここからどうインタビューを深めていけば、彼が本心を吐露《とろ》してくれるのか、すぐに答えが見つからない。そうこうするうちに、内省的な思索に入ってしまい、思わず自身のことを打ち明けていた。

「私は……幼い頃に両親が離婚して母親が一人で懸命に働いて育ててくれたので、あまり母親に構ってもらった記憶がないんです。でも、今振り返ると、母と共に過ごす時間は短くても、母に愛されているという実感があったんですよね。幼心にも抱いたその誇りのようなものは、今も生きる力を与えてくれているような気がして……」

「そう、やったん、ですか……」三浦さんがこちらを向いて反応した。「私の場合は……」受け止めてほしい。その眼差しが必死に訴え掛けているように見えた。

「成績優秀な兄貴といつも、比較されていました。『あんたはどうして、お兄ちゃんのようにちゃんと勉強せえへんのや』『お兄ちゃんを少しは見習いなさい』とね。おふくろに自分のこともそれなりに認めてもらいたかったけど……私のことを気に掛けてくれた、かわいがってもらった記憶がほとんどないんです。だから……」

呼吸が荒くなり、突然、言葉に詰まる。

「少し休んでください。無理して話さなくてもいいですから」

「いや、話したいんです。だから……就職してすぐに家を出て、結婚して家庭を持って、これでやっと嫌な思い出も忘れられると思った。実際長い間、仕事と嫁、子どもたちのことで頭の中はいっぱいで、そんな過去の記憶なんか葬り去っていたんです。それやのに……兄貴が遠く離れた場所におって何の役にも立たない今、おふくろが私を頼りにしてくれているのが……何と言ったらいいのか……自分でも不思議なぐらい、うれしくなってしまいました。昔おふくろからもらえなかったもん、なんか気恥ずかしいけど……愛情みたいなもん、それをこの年になって与えてもらっているような気がして……」

三浦さんの父親は仕事人間で、子育てや教育はすべて母親任せだった。母親が自分よりも兄のほうに愛情を注いでいると意識してから、父親に救いを求めるように何度も話し掛けようとしたが、「お父ちゃんは疲れてるから、お母ちゃんに話してえな」と取り合ってくれなかったという。

母親との関係は大切に違いないが、それを優先するあまり、妻子との関係がギクシャクしてしまっては元も子もない。母親に頼りにされていることに満足感を抱きながらも、その要求に応え続けていることが母親からの束縛《そくばく》でもあることを、三浦さん自身が最も自覚しているのではないか。

「自分が今、異常な生活をしていることはわかっています。嫁は私が家を出て、それなりにショックやったんか、離婚は口にしなくなりましたけれど、『お金だけはしっかりと家《うち》に入れてや』と、ちゃっかりしとる。そりゃ、子どものことは気になりますよ……でも、今はもう、どうしようもないんです。とりあえず、この小さなネットカフェの空間に戻ってくると、一番ほっとします」

そう言い終えると、三浦さんはリクライニングチェアを倒し、しばらく目を閉じた。

別れ際、「私から連絡するまで、電話やメールはせんといてもらえますか」と、ため息交じりに言われ、これが最後になるかもしれない気がした。そう思わせるほど、この日の三浦さんは、ありったけの力を振り絞って誰にも明かしてこなかったであろう母親への複雑な心情を告白してくれた。そのことに心から感謝した。だからこそ、絶対にこれで終わらせてはならない、と己に言い聞かせた。

長女の異変で家庭を顧《かえり》みる

待つこと一年余り、三浦さんから短いメールが届いた。

〈自宅に戻って何とかやっています。状況が好転したのかどうかもよくわからんぐらいですけれど〉

彼とつながっていられることがありがたかった。その後の母親や妻子との関係についてメールで尋ねたが、〈ぼちぼちです〉などと言葉を濁《にご》され、直球では返ってこない。きっと会って話したいことがあるのだ。そう強く感じ、一週間後の週末、彼のもとを訪ねた。

取材場所に指定されたのは、自宅最寄り駅前のレストラン。周囲に人がいる空間で会うのは初めてだった。顔は少しふっくらして、血色も見違えるほどいい。

「もう心の病のほうは治ったみたいです。前回お会いしてからもいろいろとあったんで、病気に付き合っている場合やない、なんて思っていたら、いつの間にかね。ハッ、ハハハ……」

笑いを交えた物言いに背中を押され、単刀直入に質問してみる。

「この間に、どんな環境や心境の変化があったのですか?」

「自宅に戻ったのは、子ども……長女のことがきっかけでした。感情を爆発させて、攻撃的な行動をするようになってしまいまして……」

三浦さんがネットカフェで過ごすようになってから二、三ヵ月過ぎた頃、小学六年生の長女が事あるごとに母親に対して反抗的な態度を取り、母親の制止を聞かず、部屋の中の物を壊したり投げたりするようになったのだという。

「もともと明るくて穏やかな子なんです。それが急に……。嫁から携帯に電話が入って知ったんですが……『家庭にはお父さんが必要や。私も悪かったところは直すから、戻ってきてほしい』と言われまして……。恥ずかしい話ですが、そんなことになるまで、父親が母親と仲たがいして家にいないのが子どもにどんな悪影響を与えるのか、全くわかっていなかったんです。自分自身が昔おやじとの希薄な関係で悩んでいたにもかかわらず、わが子のこととなると……。全部、私のせいです。ほんま面目《めんぼく》ないです」

三浦さんが家庭に戻った当初は、父親にもけんか腰だった長女だが、一緒に好きなテレビのバラエティー番組やドラマを見て、笑ったり感動したりポジティブな感情を共有しているうちに、少しずつ感情の抑制が利くようになった。母親への攻撃的な言動も収まり、母親に謝るように諭《さと》すと、素直に応じたらしい。ただ、一時期、態度が豹変した理由については、聞いても答えなかったという。

自分の家庭を第一に

一方で、肝心の三浦さんと母親との関係はどうなのか。

「妙なもんで……自分の家族に気が向いている間に、自然とおふくろのところへは足が遠のきました。母親への責任感、というと聞こえはいいけど、実際にはおふくろに縛られていた気持ちも、薄れていったというか……。そのうちに、おふくろのほうも、なんや自分でやりたいことを見つけたみたいなんです」

母親は、足の怪我で世話になった医師の勧めもあって、介護予防のために通い始めた福祉施設で毎週一回、開催されている社交ダンス教室に参加するようになった。楽しみを見つけたためか、以前のように必要以上に息子を頼りにすることもなくなったらしい。

「ただ、おふくろもいずれ介護が必要な状態になるかもしれないし、嫁の両親は兵庫の田舎《いなか》に二人で暮らしていますしね。これから乗り越えないといけない問題は山積みです。でも……でもね、結婚した時におふくろからは自立したんやから、やはり自分の家庭を第一に考えんといけない。それから、仕事もおふくろのことで一時期疎《おろそ》かになってたから、しっかり勤めんと。

そう思えるようになったのは、大変でしたけど、今回の一連の出来事があったからやと思います。まあ、互いに当たり散らさんようにはなったけど、嫁姑の仲はいっこうによろしくはなりませんわ。ハッハッハッ……」

そう話す面持ちは終始、和らいでいた。

三浦さんの母親には、彼を通じて取材のお願いをしたが、結局了解を得ることはできなかった。しかし、彼への最後の取材から二ヵ月近く経た頃、京和紙に達筆な毛筆で綴《つづ》られた手紙が届いた。ご本人の同意をもらい、その一部を紹介する。

〈六年前に夫が急逝《きゅうせい》しましてから、私はひとりでおります。体力が弱り、精神的にも少し不安定になっておりました。そんな折、けがをしたわたくしを、思った以上に清二（仮名）が構ってくれるものですから、甘えてしまいました。また、恥をさらすようでございますが、嫁とも息子のことで競い合ってしまったところがございました。（略）これからさらに年を取りますれば、また世話になることは出てくるかもしれませんが、わたくしなりにできうるかぎり清二に面倒をかけないように健康を心がけ、息子と家族を見守っていくことができればと願っております〉

「母が僕を頼りにしてくれることだけが、自分の価値というか……」

突然背負った母親の介護

独身で、同居する母親が突如として要介護状態になり、世話される側から世話する側に――。それまでと百八十度異なる生活にもだえ苦しむうちに、自ら仕事を辞め、孤立化の果てに深刻な病に陥ってゆく男性もいる。その背景にも、過剰なまでの母親へのこだわりが潜《ひそ》んでいた。

東京郊外にある築四十年ほどの戸建て住宅。自宅リビングで相対する高木健太さん（仮名、三十八歳）は、不規則に足を揺らし、どこか落ち着かない様子だった。取材を始めてから三十分ほどは、これまでの事のいきさつを一言ひと言、紡《つむ》ぎ出すように真摯《しんし》に説明してくれていたのだが、発言を終えるたびに、両手で膝《ひざ》小僧を押さえて少し身震いするような仕草をする。もう秋の声を聞いているというのに、額の汗がいっこうに乾かない。具合でも悪いのか、インタビューを中断したほうがいいのか、内心穏やかならず観察していたその時、だった。高木さんはいきなり、心の奥深くに溜め込んでいたマグマを爆発させるかのように、大きな声でこうまくし立てた。

「突然、立場が逆転してしまったんですよ。わかりますか！　それに、あんなに優しかった母が僕に対してわめき散らすようになって……。目の前で起こっていることが何なのか全く理解できないし、つらくて、泣きたいし……。ほんと、自分の精神が壊れて狂ってしまって、もう、どっか現実とは別の世界に飛んでいきたい、ってマジで思いました」

高木さんは都内の中堅私立大学を卒業後、住宅設備メーカーに就職。関西と九州に赴任していた六年間を除き、ずっと生まれ育った実家で暮らしてきた。姉は十年前に結婚し、静岡県で暮らす。自身の給料はほとんど趣味の海外旅行に費やし、生活費や家事など基礎的な暮らしはすべて親任せという優雅な独身生活を送っていた。父親が二年余りの闘病の末に肺がんで他界し、時を同じくして二〇〇八年九月のリーマン・ショックを契機とする不況で勤務する会社の経営状態が悪化するまでは。状況は激変し、長時間労働を強いられるうえに給料は上がらず、ポスト減らしで課長職の座は同期に奪われた。趣味に費やす時間もないまま仕事に追われ、家庭では母親と二人向き合う生活が続いていた時、母親の身体に突如として異変が起こる。

甲斐甲斐《かいがい》しく世話をしていた夫の死のショックで、自宅にこもりがちになった母親は足腰の具合が徐々に弱っていたが、ある日、玄関の段差で転倒して足首を骨折、腰の骨にもひびが入った。怪我自体は治ったものの、身体能力はさらに低化し、介護が必要な状態になってしまうのだ。二年前のことだった。介護認定で立ち上がりや歩行のほか、排泄《はいせつ》や入浴などにも一部介助が必要な「要介護2」とされ、デイサービス（日帰りの通所介護サービス）や身体介護の訪問介護サービスのほか、要介護者が一人暮らしでないために介護保険が適用されない、食事の準備などの家事援助を保険外サービスで利用し、何とか仕事と母親の介護を両立させていた。ところが、母親は躁《そう》うつ病を発症して精神状態にも支障をきたすようになる。高木さんに介護ヘルパーの愚痴を言うほか、彼のやる事なす事に対して批判的な言葉を発するようになり、一年後には、要介護度は「要介護3」に上がった。数ヵ月悩んだ末に、高木さんは辞職する。仕事を辞めてから半年以上経つが、パートタイムも含めて職探しは行っておらず、自身の蓄えと母親の年金頼りの生活を送っているという。

「愛情」か「こだわり」か

高木さんとの間に、二十～三十分ぐらいだったろうか、沈黙が訪れる。だが、彼はいまだ両膝を抱えてうなだれたまま、引きつるような呼吸を続けていた。

「大丈夫ですか？　今日はここまでにしましょうか？」

すると、高木さんは真正面に向き直り、話を再開した。

「大丈夫です。せっかく自宅まで来てもらったんですから。だいたいね、会社が家族を介護している社員に対して、全く理解がないんですよ！　介護休業制度だって、時短勤務制度だってあるのに、全然利用できるような雰囲気ではない。介護休業でも取って復帰したら、まさにリストラ対象ですよ。一度、部長に相談したら、何と言ったと思います？『じゃあ、（母親を）施設に入れたらいいだろう』ですよ。そんなこと、できっこないじゃないですか！　だから……男が無職になるなんて、社会から脱落するようでとても恥ずかしいことですけど……辞めざるを得なかったんです」

「でも……お母さんを介護しながら生活していくにはお金が必要ですし……仕事を続けるために、お母さんに特別養護老人ホームなどの介護施設に入ってもらうという選択肢もあったのではないですか？」

高木さんの面持ちが一瞬にして険《けわ》しくなる。逆鱗《げきりん》に触れたのだ。そうなることは質問する前からわかっていたことでもあった。

「あなたね、よくそんなこと言えますね！　あんただって、一人でお母さんを介護しているんでしょ。施設に入れることできるんですか！」

――その通りだ。私自身は、母親を施設に入れる気にはなれない。母親を在宅で介護しながら、生計を立てている会社勤めとの両立で悩んでいる。だから、高木さんが辞職という決断を下すまでにどれほど懊悩《おうのう》したかも想像に難くない。だが、こうした社会問題に関わる個人の実体験から得た苦しみや権力への疑問は、諸政策の問題点を炙《あぶ》り出すにはプラスであると前向きに捉えてきたが、市井《しせい》の人々へのインタビューでは取材テーマの本質や取材対象者の心情を見誤り兼ねない。ここで引き下がるわけにはいかなかった。

「すみません。今、個人的な意見は差し控えさせてください。もう一度伺います。お母さんを施設に入れるという選択を取らなかったのは、どんな理由からなのでしょうか？」

まだ私への怒りは収まっていないようだったが、高木さんは必死に答えを絞り出してくれた。

「……心も身体も弱った母親を自宅で世話するのは、息子の僕の……男の役目、だから、です。嫁いだ姉には絶対に迷惑はかけたくない。男として母親を守るのは、当たり前のことでしょ」

「それは……きっと、お母さんへの『愛情』、そして『責任感』からなのですね。それから……失礼な言い方かもしれませんが、『こだわり』もあるんでしょうか？」

「アハッ……あんた、ほんとに失礼な人ですね！『こだわり』だなんて……」

高木さんは努めて笑い飛ばそうとしたが、「こだわり」という言葉、概念を不意に突きつけられ、戸惑いながら自問自答している。そう思えてならなかった。

苦悩の末のアルコール依存症

その日を境に、高木さんとの連絡はぷっつりと途絶えた。面会時の思い詰めた表情が気にかかり、一、二週間置きに携帯の留守電へのメッセージとショートメールで様子を尋ね、プレッシャーにならない程度に励ましの言葉を添えていたのだが、返事がくることはなかった。

そうして十ヵ月余り経た頃、思いも寄らない人物から携帯にショートメールが入る。

〈弟はアルコール依存症治療のため、病院に入院しています〉——。

静岡県に住む姉からだった。高木さんは母親を一人で介護する苦悩からアルコール依存症に陥り、急性期精神科救急に関わる医療保護入院、つまり強制入院の措置が取られた。都内のアルコール依存症の専門病棟のある病院に入院してから一ヵ月半が経つという。高木さんの交友関係が極めて少ない中、私から継続的にメールなどが入っていることに気づいた姉が連絡をくれたのだ。自身の家庭のやりくりに加え、弟の看病で心労が重なっていることを察したが、姉は、高木さんの状況を会って教えてほしい、という私の願いを快く受け入れてくれた。

静岡市近郊の都市にあるセルフサービスのカフェレストランに現れた高木さんの姉は、白のブラウスに紺のカーディガン、黒の長めのフレアスカート姿で、髪の毛をひとつに結わえ、清楚《せいそ》な雰囲気があった。薄化粧を施していたが、目の下のクマや目尻のしわからは、加齢とは異なる、疲労の跡がうかがえた。

私が高木さんとの取材の経緯、そして彼が母親の介護、それに伴う離職などで思い煩《わずら》っていたことを伝えると、一瞬、感情が昂《たかぶ》ったような様子を見せたが、すぐに元の、敢えて感情を押し殺した表情に戻り、こう説明してくれた。

「弟がここまで悩んでいたとは……きょうだいなのに、気づいてやれませんでした。私自身も母親が介護が必要になったことはとてもショックで心配で、最初の二、三ヵ月は毎週実家に通っていたのですが……そのうち、弟から拒否されるようになりまして……。何度も手助けに行くから、と言ったのですが、『俺に任せとけば大丈夫』『姉ちゃんは自分の家庭のことだけ考えてればいい』の一点張り、でした。そのうち母の症状を聞いても、詳しく教えてもくれなくなってしまいました。それに……会社を辞めたことさえ、知らなかったのです……」

「弟さんはなぜ、アルコール依存症に陥ってしまったのでしょうか？」

「正直、今でもよくわからない、のです。もともとお酒が好き、というわけではなかったですし……。でも……孤独、だったんじゃないかと思うのです。ここ数年は仕事が大変忙しく、学生時代の友達とも交流していなかったようですし、母が要介護状態になってからはご近所さんとの付き合いもなかったと思います。ましてや、辞職してからは、社会との接点が遮断《しゃだん》されてしまったのではないでしょうか。もしかすると……自分から人と接するのを拒んでいたのかもしれませんね。実は、身体介護と家事援助の訪問介護サービスを辞めてしまっていたようなんです。たまたま週に一回利用を続けていたデイサービスの介護職員の方が母の送迎時に……おそらく何日か、ろくに食事もせずに日本酒の一升瓶《びん》の空き瓶を抱えて眠り込んでいる弟と、憔《しょう》悴《すい》し切った母親を、見つけて、くだ、さって……」

　高木さんの姉は、感情を抑え切れなくなったようで、ややうつむき加減でおもむろにハンカチを目に当てた。

　専門外のデイサービスの介護職員が見ても明らかなほど、高木さんのアルコール依存症の症状は重篤《じゅうとく》なものだった。母親はすぐに病院に搬送されて点滴治療などを受けて内科的症状は徐々に回復。現在は姉が、夫と子ども二人と暮らす静岡の自宅に引き取り、在宅で介護しているという。一方で、高木さんは搬送先の病院から無断で戻った自宅に引きこもったまま、アルコール依存症の治療を拒み続けた。姉が夫を伴って複数回、説得に当たったものの、暴言を吐いたり、家の中の物を投げ散らかしたりして暴れ出すようになる。地元の保健所や精神保健福祉センターを訪れて相談したが、専門の医療機関への入院は本人が暴れるなど抵抗しないように家族が説得するしかない、と言われて支援を得られず、結局、強制入院をサポートする民間会社の手を借りて、どうにか入院までこぎつけたらしい。

　現在の高木さんの症状はどうなのか。

「入院した直後は禁断症状も強かったようですが、少しずつ快方に向かっているようです。見舞いに行くといつも、『母さんに悪いことをした』『母さんは大丈夫か』『母さんを頼む』……と、母のことばかり。とても気にしているようです」

症状が回復したら、高木さん本人と会って話をしたい――。そうお願いしようとした時、だった。

「(病が) 治ったら、弟の話を聞いてやってもらえますか?」

姉が温かな笑みを浮かべ、静かに掛けてくれた言葉が胸に響いた。

「現実から逃げていた」

高木さんの姉から、本人が会って話してもいいと言っている、と連絡が入ったのは、それから半年ほど過ぎた頃だった。姉によると、高木さんは三ヵ月間、アルコール依存症の専門病棟で入院治療をした後、徐々に症状が回復。今は月に二回通院し、飲酒欲求を低減させる薬を服用して精神療法を受けているという。病院の勧めで自助グループにも参加するようになり、同じ症状で苦しんできた人たちとの交流が、自分の殻《から》に閉じこもっていた高木さんの心を少しでも前向きに変えるきっかけになったのではないか、ということだった。

この間に悲惨な出来事があっただけに、高木さんへの接し方には多少戸惑いもあったが、自宅を訪れると、彼は柔和な面持ちで迎えてくれた。もう足を揺らすことも、身体を硬直させて身震いすることもない。頬は痩《や》せこけてこれまでの苦労がうかがえたが、何よりも落ち着いた様子が、私の緊張の糸をほぐしてくれた。以前は母親のベッドや介護器具が所狭しと並んでいたリビング隣の六畳の和室には、小さなちゃぶ台だけがぽつんと置かれ、塵《ちり》ひとつ見受けられない。歩行補助用に取り付けられた木製手すりの光沢がやけに目立って見えた。

「お身体回復されたようで、よかったですね」と声を掛けると、高木さんは「ありがとうございます」と言って、控えめながら自然な笑みを浮かべる。そして自分からこう話し始めた。

「何からお話ししたらいいのかわからないんですが……まずは自分のせいで、母にも、姉にも迷惑をかけてしまったことが、やりきれないというか……面目ない、です。まだ七十そこその母がまさか、介護が必要になるなんて……そのことがどうしても受け入れられなくて、現実から逃げていた……どんどん自分で自分の首を絞めていったというか……。姉にも、介護事業者の人にも、もっと頼ればよかったんですが……そうすれば仕事を辞めなくてもよかったのかもしれないし……。母の介護は何が何でも自分一人でやり遂げなくてはならない、と意固地《いこじ》になっていたところがあったのではないかと思います」

「でも、それは高木さんだけが責任を感じるべきことではないんじゃないでしょうか。以前、介護との両立で職場の理解も得られなかったとおっしゃっていましたし……。それから、お母さんだって、息子の高木さんに世話をしてもらいたいと思っていらっしゃったんじゃないですか？」

「ええ……母も『やっぱり健ちゃん（仮名）は頼りになるわ』と言ってくれて……本当にうれ

しかったです。当時、会社でも出世競争に負けて、独身だし養う妻も子どももいない。だから……母が僕を頼りにしてくれていることだけが、自分の価値、というか、誇り、というか……。あのー、それから……以前、奥田さん、確か、『こだわり』もあるんじゃないか、と言われましたよね。あの時は、正直、カチンときたけど……今思うと、あったかもしれません、母への『こだわり』が、それも強過ぎる……」

地に足をつけたいが……

高木さんは二ヵ月ほど前からハローワークに通い、再就職活動を始めた。かつて勤めていた住宅設備メーカーでは商品企画や広報を担当していたが、そうした経験やノウハウを生かせる仕事はなかなか見つからない。他業種、職種へも対象を広げ、面接に行った会社も数社あるが、採用には至らなかった。新たな技能を身につけるため、ハローワークで紹介している職業訓練を受講することも考えているらしい。

これから母親の介護、そして仕事を含めた自身の生活をどう考えているのか。

「まずは早く仕事を見つけて経済力をつけて、それから家事とか生活力も磨いて、地に足をつけた暮らしをしていかなくては、と思っています。それと……できれば、母を姉のもとから引き取って、また自宅で介護したい。そのために、母の部屋を毎日きれいに掃除しているんです。

でも……介護と仕事の両立ができるかというと……また同じことを繰り返してしまうのではないかという不安もある。母を施設に入れる気持ちには、とてもなれないんです。どれもこれも、ただ思っているだけで、実現できていないことばかりで……ひとつも前進していないのですけれど……」

「そんなことないですよ。一歩一歩、少しずつでも前へと歩まれているのではないでしょうか」

「そうでしょうか……。そうですね、そう思わないといけませんね」

やや心もとない表情ながらも、高木さんはそう、最後に語気を強めた。

「俺がおふくろのことにかまけていたせいで、かみさんが……」

妻の孤独がわからなかった――

実母と妻の母親、双方の介護に直面するケースも少なくない。思いがけず己の身に降りかかった母親の介護、それを巡る兄弟間の軋轢《あつれき》に気を取られるあまり、同じく母親の世話で心身共に疲弊《ひへい》する妻の苦悩を見過ごし、深い後悔の念に苛《さいな》まれる男性もいる。

千葉市に隣接した都市にある総合病院ロビーの喫茶スペースで、襟元《えりもと》やズボンにしわの寄ったスーツ姿の中島洋次さん（仮名、四十二歳）は、悲痛な面持ちで心境を明かした。

「かみさんが、お母さん（中島さんの義母）の介護で孤独感を強め、とても苦しんでいたことを何もわかってやれていなかった。そんな状況自体を……本当に自分が情けないですが……数ヵ月も気づくことすらできていなかったんです……」

高等専門学校卒業後、千葉県内の零細の電子部品製造会社にエンジニアとして勤める中島さんは、三十九歳の時に、取引先企業で事務職に就いていた四歳年上の女性と結婚した。幾多《いくた》の見合いでも合コンでも相手を見つけることができなかった彼が、仕事の縁でようやく結ばれたのが妻だった。子どもはいない。一人っ子の妻の母親と三人、「贅沢《ぜいたく》はできないが、自分にとっては幸せな家庭生活」を送っていた。

しかし、同居する義母が一年半近く前、介護が必要な状況となり、妻は仕事を辞め、自宅で母親の介護に大半の時間を費やすことになる。義母は「要介護2」と認定され、身体介護の訪問介護サービスとデイサービスセンターを利用しながらしばらくの間は、妻は母親の介護と比較的冷静に向き合っているように、中島さんには見えた。ところが、いつしか自宅に引きこもって塞《ふさ》ぎ込み、睡眠障害を訴えるようになり、総合病院の心療内科を受診したところ、うつ病と診断された。一ヵ月に二回通院し、抗うつ薬や精神安定剤、睡眠導入剤を処方されているが、症状は思うように改善せず、母親の食事作りや洗濯など家事にも支障が出てしまい、新たに介護保険適用外の家事援助のホームヘルパーに来てもらっているという。中島さんとの会話も「疲れているから」などと言って避けるようになったため、この日は彼一人で、主治医に妻の病状や治療の現状を聞きに来たらしい。

なぜ夫が同居しているにもかかわらず、中島さんの妻は母親の介護で孤独に陥ったのか。その背景には、岐阜県で兄夫婦、その子どもと暮らす彼の七十七歳の母親の介護問題が大きく関わっていたのだ。

母親の介護で妻を見失う

妻の母親が要介護状態になってから三ヵ月近く過ぎたある日、中島さんの携帯に一本の電話が入った。

〈お母さん大変なことになっているのよ。洋次（仮名）、助けて！〉

母親からだった。仕事の打ち合わせ中で後から留守電メッセージを聞いた中島さんは、ひどく動揺した。母親は年上の女性との結婚に反対し、それを押し切って自分の家庭を持ったことが引き金となり、その後母親とはいっさい連絡を取っていなかったからだ。結婚式、披露宴にも姿を見せず、その後も妻を紹介したいと申し出た息子の願いを受け付けなかった母親には、憎しみに近い感情さえ抱いていたという。

だが、中島さんは自身に助けを乞《こ》う母親を無下《むげ》に扱うことができなかった。仕事の合間に実家に電話すると、同居する義姉（兄嫁）が出て、素っ気ない対応で母親に代わった。母親は、自分が少し前から要介護状態になって自宅内でも自力では十分に身動きが取れなくなり、苦しくて仕方がないこと、嫁がしっかりと世話をしてくれないばかりか、自分からの注文を無視して怒鳴り散らしていること、長男（中島さんの兄）が仕事の忙しさを理由に、全然、自分の話を聞かずに構ってくれないこと……。一時間近くにわたり、自身の精神的苦痛や嫁への憤《いきどお》り、長男への愚痴を一方的に語り続けた。中島さんの仕事や家庭など近況を尋ねたり、労《いた》わりの言葉を掛けたりすることは、全くなかったという。

「延々とお姉さんや兄貴のことまでしゃべり続けるおふくろには、うんざりした面もありました。でも……あんなに元気だったおふくろが、介護が必要な状態になっているのはとても心配でしたし……。それに……自分に助けを求めてくれているのが、そのー、おふくろは俺を見捨ててなかったんだと思えて……ほっとしたんです。それからは……毎週末、岐阜までおふくろの具合を見に行って、家の中を移動する手助けなんかをしていたのですが……いつの間にか、かみさんの様子がおかしくなっていて……」

母親のもとに通うようになってから二ヵ月ほど経たあたりで、中島さんはようやく妻の異変に気づくのだ。

「前は俺も、週末ぐらいですけれど、かみさんを手伝ってお母さん（義母）の世話をして、かみさんから介護の悩みも聞いてやっていたんです。それが……おふくろのことがあってからというもの、おふくろの介護で頭がいっぱいになってしまって、何もしてやれなかった。よく覚えていないんですが、かみさんに話し掛ける余裕もなかったんじゃないかな。つまり、その――……俺がおふくろのことにかまけて、かみさんのことを気遣ってやることができなかったんです……」

実家へ引き戻した認知症発症

妻の抑うつ症状を知った中島さんは、一緒に病院に付き添い、週末の実家通いも月一回程度に控えて義母の介護を手助けするなど、いったんは自身の家庭に目を向けていた。そんな中島さんを母親のもとに引き戻したのが、認知症の発症だった。

義姉の話によると、要介護状態になってから半年余り経た時、つい先ほど食事をしたことを忘れて「ご飯はまだか」と怒ったり、訪問介護の入浴サービスを受けたばかりにもかかわらず、「なぜ風呂に入らせてくれないのか」と泣き叫んだりすることが重なり、訪問介護員から勧められて受診したところ、アルツハイマー型認知症と診断されたという。おそらくある程度前から断片的な記憶の欠落が起こっていたものと推測されるが、徘徊など認知症患者によく見られる行動が現れていなかったため、最も母親と過ごす時間の長い義姉でさえ、見落としていたようだ。

「一ヵ月ぶりに母親の姿を見て、切なくて、やり場のない怒りが込み上げてきて……病気に八つ当たりしてもしょうがないんですけれど……かなりの時間、呆然《ぼうぜん》として母親のベッドの端に顔を押し付けてその場から立ち上がることができませんでした。それに……うっ、はあー、すみません……俺のことを兄貴と、ま、ちがえ、たり、息子とはわかっているようでも、名前が出て、こ、なかったりして……なんか、とても、か、な、し、かった、です……」

中島さんは話の最後のほうで声を震わせ、黒縁メガネを外して右手のひらで両目と鼻をわしづかみにした。これを機に、彼は毎週末の実家通いを再開する。妻には、「自分なりに誠意を持って思いを伝えたつもり」と言うが、一時は快方に向かっていた妻のうつ病は、母親の病状と比例するように、最初に受診した際の強い症状に逆戻りしてしまった。

「かみさんは幼い頃に両親が離婚して、きょうだいもいないから、頼れる家族は俺一人なんです。それなのに……かみさんには本当に申し訳なく思っています。兄貴が何の役にも立たないから、いけないんですよ……」

「でも、お兄さんとお姉さんが、ずっとお母さんの面倒を見てこられたんですよね？」

「ええ、まあ……一応……。いや、兄貴とはあることがきっかけで、犬猿《けんえん》の仲になってしまったんです。だから、兄貴におふくろのことを任せておく気にはどうしてもなれなくて……。兄弟が協力できないから、何もかもうまくいかないのかもしれません」

父親の遺産を巡る兄弟対立

兄弟の仲を切り裂いたきっかけとは、父親が残した遺言書だった。約十年前に父親が胃がんで一年半の闘病の後に他界した。葬儀の直後、家庭裁判所で母親と中島さん、兄の相続人三人の立会いのもとに開封された公正証書遺言は、持ち家と預貯金、有価証券など合わせて四千万円余りの遺産の二分の一を母親に、四分の一ずつを兄弟二人に遺《のこ》す、という内容だった。法定相続分と同等のものだったが、兄は取り分が弟と同じであることに激怒したのだという。

「木工加工業を営む父親の跡を継いで、結婚後も両親と同居していた兄は、自分のほうが弟の俺よりも遺産の取り分が多いと思っていたようなんです。もしかすると、生前、おやじがそんなことを兄貴に匂《にお》わせていたのかもしれません。それが蓋《ふた》を開けてみたら俺と同じだったことが、どうにも我慢ならなかったようで……。おふくろは俺の結婚問題の時までは、特に子ども二人を分け隔てすることはなかったけど、おやじは高校卒業と同時に家を出て東京の高等専門学校に入学した俺と違って、自分の言うことを聞く兄貴をかわいがっていましたからね。おふくろを訪ねるようになってからも、実は、兄貴と、それからお姉さんにまで露骨《ろこつ》に嫌な顔をされているんです……」

「中島さんがお母さんの世話をされて、お兄さんもお姉さんも助かっているのではないのですか？」

「いや、俺がおふくろの遺産目当てで行動しているとでも思っているんじゃないでしょうか。もちろん、そんなこと考えたこともありません。ただ、純粋におふくろの顔が見たい、それだけ。それに、お姉さんとはもともと嫁姑関係があまりうまくいっていなかったようだったから、兄貴だけじゃなく、日中お姉さんに面倒を見てもらうのも気がかりなんです。独り身で親を介護するのも大変だと思いますが、きょうだいがいても、かみさんがいても、親の介護には様々な問題が立ちはだかるということなんじゃないでしょうか……」

今、妻との関係はどうなのか。

「まだ十分な時間、かみさんの傍《そば》にいてやることができなくなっているままで……俺としてはできるだけ話し掛けて会話しようとしているんですが、なかなか心を開こうとしてくれません。悩みでも愚痴でも何でも打ち明けてくれればいいんですけれど……。なので、今日みたいに、月一回、仕事を半休にして、俺だけお医者さんに会いに来ることぐらいしかできていないんです。おふくろのことも、かみさんのことも、もうどうしたらいいのかわからなくなっています……」

中島さんはそう言うと、メガネを取って両目頭を指で押さえた。

やむを得ない施設入所

それからも中島さんは、実母の介護と、義母の介護に伴う妻の心の病の狭間でもだえ苦しみ、活路が見出《みいだ》せない様子が、電話でのやりとりからひしひしと伝わってきた。二、三ヵ月、音信不通の時期を挟んで、彼が取材を了承してくれたのは、最初の面会から九ヵ月ほど経った頃だった。

前回と同じ、総合病院ロビーにある喫茶スペースで到着を待っていると、襟を立てたポロシャツにスラックス姿の中島さんがゆっくりとした足取りでこちらに向かってきた。隣には肩を寄せ合うように、女性が歩みを進めている。私に気づいた中島さんがあと数メートルまで近づいた所から軽く会釈をすると、女性も一瞬立ち止まって丁寧に頭を下げてくれ、中島さんと短い会話を交わした後、病院を後にした。彼女の眼差しにも口元にもかすかではあるが、彩りが感じられた。

席に着いた中島さんに尋ねると、仕事は夏休み休暇を取り、妻と一緒に心療内科を受診したのだという。

「奥さんと一緒に通院できるようになったのですね」と声を掛けると、彼は柔らかな表情で、こう話した。

「これまで本当にいろいろとありましたが……やっと少しずつですが、時間的にも精神的にも、かみさんと向き合うゆとりが出てきたように感じています」

「その後、実家のお母さんのご様子はいかがですか？」

「……それが……今おふくろは実家、ではなくて、介護施設に入っているんです」

電話では明らかにされていなかった事実に、心が揺れ動くのを悟られないように努め、いきさつを尋ねると、中島さんは穏やかに語ってくれた。

「おふくろは、認知症の症状が進んで要介護度が初めの『2』から『4』に一気に上がって……記憶障害や、時間と場所の感覚がおかしくなる症状だけじゃなくて、お姉さんや介護ヘルパーさんにわめき散らすなど問題行動がかなり目立つようになりました。結局、兄貴の独断で……特養（特別養護老人ホーム）に入れてしまったんです。俺には内緒で、随分前から入所を申し込んでいたみたいで。お姉さんも、三人の子ども（小・中学生の男子）を抱えての在宅介護は大変だったんでしょうが……。俺は、長年家族と過ごしてきた自宅でおふくろの面倒を見てやりたかった。兄貴の行動には納得がいかなくて、あの時はかなり荒れてしまって……。でも、お母さん（義母）の介護を抱えている俺の家に引き取るわけにもいかないし、今はやむを得なかったと思うようにしています」

「出来事と向き合うしかない」

母親の特養への入所を機に、中島さんは母親を見舞う頻度《ひんど》を一、二ヵ月に一回に減らし、以前よりも妻と過ごす時間を確保するようにした。そのうちに、妻は夫が不在の間に母親の介護を一人で担うことの苦悩を打ち明けるようになり、互いにコミュニケーションを深めることで、妻のうつ病は徐々に回復していった。今は月に一度通院して精神安定剤の処方を受けている程度で、家事も自分でこなせるようになったという。

「岐阜まで通う交通費も、家事援助のヘルパーさんに来てもらうのも、家計的に非常に厳しかったですし……何よりも、憂鬱《ゆううつ》な様子で心を閉ざしていた妻が、次第に明るさを取り戻してくれているのがとてもうれしいですね。おふくろのほうは……俺が施設を訪ねても、自分の息子だということがわからない時も増えてきて、最初の頃はかなり心が折れましたが……今は、生きていてくれて、普通に会話はできなくても、顔を突き合わせていられるだけでもいいか、と割り切れるようになりました」

中島さんは、要介護状態になってからの母親への想《おも》いを改めて振り返った。

「前にも少し言いましたけど、一時は見放されたかと思っていたおふくろが、俺を必要としてくれて……それまでおふくろとの関係では暗くなっていた心に、光が射したような気持ちになったんだと思います。やっぱり、血でつながった親子の縁はそう簡単には切れないんだと。でも一方で、そのことに囚《とら》われ過ぎていたのかもしれないな、とも感じています」

では、これからの実母、そして妻と義母との関係をどのように考えているのか。

「本音を話すと、まだ不安がなくなったわけではないんです。せっかく来てもらったのに、しっかりとしたことが言えなくてすみません。おふくろだってこれからどれくらい生きられるのかわからないですが、もっと症状は悪くなっていくでしょう。それから、お母さん（義母）にしても、今はどうにか自宅で介護できていますが、もし認知症にでもなったら、想定外のいろんな問題も生じてくると思います。かみさんは幼い頃からお母さんと二人で暮らしてきただけに、在宅介護へのこだわりは、俺以上に強いようですし……。まあ、先のことをいろいろと考えれば考えるほど、出口が見えなくなってしまうので、今はまずかみさんを気遣いながら、目の前で起きている出来事と向き合っていくしかない、といったところでしょうか」

妻と美術館に行くために近くのショッピングセンターで待ち合わせをしているので、と言って立ち上がった中島さんの頬を、ガラス張りの壁面から入り込んだ真夏日の日差しが明るく照らしていた。

母親に縛られる男たち

第1章から第3章で紹介した男たちの特徴が、仕事、妻、子どもとの関係のいずれの問題においても逃避傾向にあったのに対し、本章では母親の呪縛から逃れられない、という一見、相反するような困難に直面していた。しかし、実のところ、母親との関係に真正面から冷静に向き合えないという点に苦悩の根源はあり、それは他の章の諸問題とも共通していた。取材した男性の多くが、母親の体力の衰えや心身の病、要介護状態になったのを契機に、地域の人々や介護サービス事業者、さらには最も身近な妻やきょうだいをも頼ることができず、自ら無理して一人で母親の面倒を見ようともがきながら、自身を追い詰めていたように思えた。

母親の側にも要因はある。心身の不調などにより、自分のもとを巣立った息子を必要以上に頼る母親は多く、特に、夫に先立たれて一人で暮らすケースでは顕著《けんちょ》だった。嫁に息子を奪われた感覚を再燃させ、嫁姑問題を悪化させる場合も少なくなかった。それは自《おの》ずと、息子と妻との夫婦不和へと発展していく。息子が独身で一緒に生活している場合は日頃から密着している分だけ、母親の束縛の度合いも高かった。既婚者も独身者も、このような状態がさらに進行すれば、母親と息子の共依存、すなわち互いが親子関係に過剰に依存し、その関係性に囚われてしまう嗜癖《しへき》状態（アディクション）という深刻な事態に陥ってゆき兼ねない。

同居か別居かにかかわらず、家族を介護している人の性別で男性は今や、約四割に上る。また、同居して家族を介護する「主な介護者（主介護者）」の三人に一人が男性で、さらに男性主介護者の三人に一人は、四十歳代、五十歳代の働き盛り世代だ。中でも、息子が親を介護する割合はこの三十数年の間に五倍の一一・四％に激増し、かつて主に介護を担っていた嫁（九・六％）を上回っている。取材を通して、母親が要介護状態になって以降はもとより、実際にはそれ以前から、すでに息子は身体が衰えていく母親の世話をする大きな役目を担っていることもわかった。

介護離職と貧困

国や企業の課題も山積している。嫁が家族介護者の中心になることを想定して二〇〇〇年度からスタートした介護保険制度では、要介護者が一人暮らしでない場合（介護者が疾病や障害によって家事を行うことが困難な場合などを除き）、訪問介護サービスのうち生活援助（家事援助）が保険の枠内で利用できないなど、子どもが働きながら在宅で親の介護を担っていくのは困難を極める。家事やケア能力に乏しい息子の場合は、なおさらだ。このままでは、介護離職者の増加を食い止めることは無理である。介護離職する男性（年間約二万人）のうち、四十歳代、五十歳代の働き盛り世代が約四割に上ることは、介護と仕事の両立の難しさを如実に物語っている。

多くの企業が介護休業や介護に伴う短時間勤務の制度を導入しているが、実際に介護休業を取得した労働者は、厚生労働省の二〇一三年度「雇用均等基本調査」で〇・〇六％（正社員などの常用労働者に占める取得率）、総務省の二〇一二年「就業構造基本調査」で三・二％（介護をしている労働者に占める取得率）と、極めて低い数値にとどまっている。

明治安田生活福祉研究所とダイヤ高齢社会研究財団は二〇一四年九月、親を介護した経験のある（介護中を含む）全国の四十歳以上で、介護開始時の働き方が正社員だった男女計二千二百六十八人（うち男性千五百四十五人）を対象とした調査「仕事と介護の両立と介護離職」を実施した。それによると、調査対象男性総数の四割弱を占める介護離職した男性のうち、五割強が、親が要介護状態になってから一年以内に離職していた。また、離職後に再就職した男性（介護離職男性の半数）のうち、正社員に転職できたのは三人に一人にすぎなかった。さらに再就職男性の三割弱は雇用形態がパート・アルバイトで、転職前の年収と比較すると、四割もダウンしていた。介護離職後の再就職の難しさはもとより、再び職に就けたとしても低待遇を余儀なくされる厳しい現実が浮き彫りとなっており、介護離職に伴う貧困という問題は深刻さを増している。

安倍政権は、「アベノミクス」第二ステージの重点政策「新三本の矢」のひとつに「介護離職ゼロ」の二〇二〇年までの実現を掲げた。その具体策として、特別養護老人ホームなど介護施設の増設などにより、介護サービスの受け皿を二〇二〇年代初頭までに五十万人分増やす施策を打ち出している。また、現在は要介護状態にある家族一人につき、まとめて一回しか取れない（九十三日まで）介護休業を三回まで分割して取得できるようにする。介護施設の増設については用地取得が難しい都市部などで国有地を安く事業者に貸し出すなどの対策を進めているが、財源のほか、慢性的な人手不足状態にある介護人材の確保は、具体的な待遇改善策も示されていない現状ではかなり疑わしい。が、百歩譲って、もし介護施設の増設がある程度、達成できたと仮定しても、それによって介護離職がなくなるわけでは決してない。なぜなら、介護によって仕事を辞めざるを得ない主たる要因は、職場の家族介護者への理解不足と、介護保険の在宅介護サービスの不備にあるからだ。介護休業に関する制度上の改善は評価できるが、取得自体が著しく困難な状況下では実効性を持たないであろう。

企業に、介護休業や時短勤務の制度を利用しやすくする職場環境づくりを徹底的に指導すること。そして、在宅での介護を希望する家族介護者、要介護者が多いことを踏まえ、訪問介護サービスで要介護者に同居者がいる場合も生活援助を受けられるようにしたり、自身の働き方やケア能力に応じて必要なサービスを自由に選び、組み合わせられるように、現金給付を選択肢に加えたりするなど、在宅介護に関する介護保険制度の見直しに万難を排して取り掛かることが、先決である。

ゴールの見えない闘いである介護に不安を抱きながらも挑み、要介護者の家族と共に暮らし続けたい、という国民の貴《とうと》い願いを叶《かな》えられない社会など、安倍政権の看板政策「一億総活躍社会」の実現には、ほど遠いのではないか。

なぜ「血」から逃れられないのか

弱っている者を助ける、ましてや救いを求めている者が母親であれば、一肌脱ぐのは男として誇らしい行動だ。だが問題なのは、過剰な要請に応じるために、それが母親からの束縛であり支配でもあるということに気づきながら、仕事や自身の家庭さえ犠牲にしてもやむを得ない、という衝動に駆られる男性が近年、増えているということなのである。

特に、仕事で苦境に立たされつつも、定年まであと十～二十年は稼ぎ続けなければならず、妻や、まだ親の支えが必要な子どもとの関係で様々な問題を抱える四十歳代男性の苦しみは深い。インタビューを続けていくうちに、男たちの精神的苦痛の背後には、誰かに「必要とされたい」という欲求を満たしてくれる存在が職場でも自分が築いた家庭でも見当たらず、もはや血を分けた母親しかいない、と捉えていることも見えてきた。

自身がかつて思い描いた「男」を辛《かろ》うじて、たとえ一瞬でも具現化してくれる唯一無二の存在が、母親というわけなのだ。もともと無償の愛を受け得る、母親という特別な他者からの己への過大な「評価」に悦に入《い》り、自己満足に酔いしれている限り、「血」の縛りからは逃れられないのではないか。

第5章　男という病

男であることの苦悩と絶望

男たちが苦しみと絶望の果てに追い詰められているということは、社会の根幹を揺るがし兼ねない非常に深刻な事態である。

男性は今、仕事では、労働環境の悪化で職業人としての誇りを保てず、かたや家庭では、妻と心通わせることができず、子どもとの関係も含めた家庭不和に直面して夫、父親としての自らの価値、存在を見失い、もがき苦しんでいる。中でも、中年期を迎えてリストラのターゲットとされながら転職も難しく、晩婚化も影響してまだ育児や子どもの教育に手のかかる団塊ジュニア世代をはじめとする四十歳代男性に、その傾向が顕著だ。

近年の激変する職場環境や大きく揺らぐ家族のあり様《よう》により、いったんは旧来の「男らしさ」の呪縛《じゅばく》から解き放たれたかに見えた男たちが再び、「男はこうあるべき」という社会、そして女性たちからの容赦ない要請に応えられずに、心中《しんちゅう》で白旗を揚げ、自ら硬い殻《から》に閉じこもってしまっているのである。

オーストラリア出身の社会学者で男性学・男性性研究の第一人者、R・W・コンネルは一九九五年に出版した著書〝Masculinities〟で、従来、対女性の構図で単一の集団として語られてきた男性について、その複数性、多様性と男性間の相互作用に着目し、社会で主流とされている男らしさを「覇権的男性性」、これに対して非主流を「従属的男性性」とする概念を打ち立てた。これを日本社会にあてはめると、前者は、「職場のパワーゲームの勝者」「家族にとって経済的、精神的な支柱」「冷静沈着で弱音を吐《は》かない」といった伝統的な「男らしさ」の規範の具現者であり、後者はそれらを具現化できない、規範から逸脱した男性、ということになる。いつの時代も、主流の男性たちは非主流を蔑《さげす》み、脇へ追いやることによって自らの覇権性、権威を誇示してきた。

それは、日本型「従属的男性性」保持者へのラベリングによる、社会的排除でもある。米国の社会学者、ハワード・S・ベッカーは一九六三年に著した〝Outsiders: Studies in the Sociology of Deviance〟で「ラベリング理論」を提唱し、社会集団が規制を設けて特定の人々に適用し、アウトサイダーのレッテルを貼ることによって逸脱を生み出す、と説いた。それまでの社会規範からの逸脱行動に関する社会心理学研究が、当事者を孤立した存在として捉えて動機の解明に傾倒したのに対し、ラベリング理論は、逸脱を告発された人々と告発を行う人々との相互作用に焦点を当て、社会問題に多元的な視点を提供した。この視座から苦悩する男性と他者、社会との関係を考えると、「従属的男性性」保持者の社会的排除には、「覇権的男性性」を備えた男たちだけでなく、社会や女性たちも加担しているといえるのだ。

日本の現代社会において、最も注目すべきなのは、この〝落伍者〟としての烙印《らくいん》を押された男たちが、今では「多数派」であるということなのだ。彼らの悲痛な心の叫びを、政治家やメディアが気に留めてこなかった点にも、問題の所在はある。

こうした見解に対し、いや、女性こそが社会から抑圧されて苦しんでいるのだ、という反論は、当然あるだろう。現に、女性の給与はいまだ男性の約七割の水準にとどまり、男女の賃金格差はなかなか縮まらないのが実情だ。このため、安倍政権も女性の活躍推進を成長戦略の主要な柱のひとつに掲げ、二〇一五年八月には、大企業などに女性管理職の割合などの数値目標を作るよう義務付ける「女性活躍推進法（女性の職業生活における活躍の推進に関する法律）」が成立した。「職業生活」で活躍することを望む女性にとっては、非常に好ましい動きである。

しかし、女性には、仕事を優先する道、家事・育児に専念する道、そして仕事と家庭を両立する道といった複数のライフスタイルがある。女性の現在の生き方が彼女たち自身の希望に沿ったものかどうかは別として、選ぶことは可能だ。一方で、男性は働き続ける以外に選択肢がなく（無業者は増えているが、大半が自ら望んだことではない）、行政も彼らの生きづらさそのものには目が行き届いていない。そんな男たちが、かつて男性が手にした特権、「男性優位社会」のツケを払わされるかのように、懊悩《おうのう》しているのを一ジャーナリストとして決して見逃すわけにはいかないのである。

さらに補足すると、女性の生き方についてはあくまでも、個々人の意思を尊重すべきであり、女性が「職業生活」において活躍することを、社会が当事者たちに押しつけるべきではない。取材事例にもあるように、家庭に入って家事・育児に専念したいと願う女性は意外にも多く、そうした女性たちを悩ませることになるからだ。

孤立する男たち

男たちの話に戻そう。経済協力開発機構（ＯＥＣＤ）が二〇〇五年にまとめた調査報告書〝WOMEN AND MEN IN OECD COUNTRIES〟の項目〝Social isolation〟によると、日本人男性は、調査対象二十一ヵ国のうち、「最も社会的に孤独（孤立している）」という。仕事以外の日常生活において、友人や職場の同僚とスポーツや教会、文化的なサークル活動に参加した経験を質問したところ、日本人男性は「全くない」「ほとんどない」が一六・七％と最多で、二位のチェコ人男性（九・七％）を大きく引き離した。その後、ＯＥＣＤで同様の調査は行われていないが、この十数年の間、四十歳代、五十歳代を中心に若年者から高齢者まで、三百人近くの男性を取材してきた経験から、男たちの孤独感はなおいっそう高まり、社会的孤立にまで深刻化していると、私は捉えている。孤立は、今や多数派となった、日本型の「覇権的男性性」を実現できない、つまり職場や家庭において旧来の「男らしさ」の規範から外れた男たちが行き着く先なのである。

単なる精神的な「孤独」にとどまっているなら、まだ自力で乗り越える方法は残されている。だが、環境的な「孤立」は、本人の力だけではどうすることもできない限界点を示しているように思う。

経済学者の玄田有史は二〇一三年、自著『孤立無業（SNEP《スネップ》）』で「孤立無業（Solitary Non-Employed Persons＝SNEP）」という概念を導き出した。SNEPとは、「二十歳以上五十九歳以下の在学中を除く未婚無業者のうち、ふだんずっと一人か、一緒にいる人が家族以外にいない人々」を指し、近年増加傾向にあるという。二十歳以上五十九歳以下の未婚無業者に占めるSNEPの割合（二〇一一年）は、女性の五六・二％に対し、男性は六八・四％と約十二ポイント上回っている。男性が女性よりも孤立化しやすい理由について玄田は、男性のほうが社会規範の影響を受けやすく、コミュニケーション能力が低い、ことを挙げている。

だが、孤立する男たちの増加は、未婚者だけに限ったことではない。企業による人員削減や家族介護との両立の困難から、一度離職すると、社会的に孤立しやすいことは事例でも紹介した通りだが、本来、孤立リスクを防ぐべき家族、特に妻との関係に何らかの亀裂《きれつ》が生じているケースでは、既婚男性であっても容易に孤立へと追い込まれてゆく。そもそも、長時間労働とリストラの危機に晒《さら》されている男性は、職場で胸襟《きょうきん》を開ける人間を持たず、また仕事以外の場面では、友人・知人らはもちろんのこと、それがたとえ家族であっても、自身の悩みを打ち明けて物理的にも精神的にも交流していくことが苦手である、という性向や環境的要因にも目を向けるべきだろう。

孤立は希望を根こそぎ奪い取り、絶望感を限りなく増幅させる。

男性は自殺者数も孤独死数も、女性の約二倍に上る。今、中年男性たちを追い詰めている孤立がやがて、高齢者になった彼らに悲痛な「死」をもたらすことは何としても避けなければならない。

社会的につくられる「病」

社会や他者からの〝落伍者〟としてのラベリング、さらに社会的孤立に苛《さいな》まれた男たちの中には、うつ病を中心とする心の「病」に陥っていた者が少なくなかった。事例でも紹介したように、医師の診断などをもとにそうであることを明かしてくれた男性もいれば、現実逃避などへの願望を述べるネガティブな文脈で、「狂ってしまいたい」「精神がどこか違う次元に飛んだ」「狂気の入口に立っていた」などと、「狂気」との親和性を帯びた語りを口にする男性もいた。一方で、家族の再生のために前向きに歩み出し、「(診断を受け、治療中だった)心の病気に付き合っている場合ではない」と自らの意志で「病」を克服した者もいた。真性の精神疾患のケースも現にあり、そのことに異議を申し立てるつもりは毛頭ない。だが、取材した男たちが侵《おか》されていた心の「病」には、これから述べる、社会的につくられた「病」も含まれていた、と私は考えている。

精神疾患は、エックス線検査や組織を採取して調べる病理検査などによって診断がなされる他の疾患とは異なり、非常に曖昧《あいまい》な医療領域だ。わが国では一九九〇年代から精神科医療の臨床現場で、旧来の病因論を重視した診断に代わり、米国精神医学会が策定した診断マニュアル「DSM」に基づく国際的な操作的診断基準（症状の該当数などをもとにした診断）が採用されるようになってから、例えばうつ病の疾病概念が拡大し、そう診断される患者が増えているという現象が、一部の精神科の臨床医や医学者らによって指摘されている。

また、製薬会社が売り上げを伸ばすためのマーケティング戦略の一環として、「うつ病は心の風邪《かぜ》」といったキャッチコピーとともに、疾病啓発キャンペーンというかたちで展開するメディア広告などによって新たな病気がつくられている、とするDisease Mongering（病気づくり、病気の押し売り）も注目に値する。この問題は、医療ジャーナリストのレイ・モイニハン（オーストラリア）とアラン・カッセルズ（カナダ）が二〇〇五年に著した〝Selling Sickness: How the World's Biggest Pharmaceutical Companies Are Turning Us All into Patients〟で糾弾《きゅうだん》したものだ。

社会的につくられた心の「病」に侵された者の中には、真の病を患って完治した後に、「病人」に転ずる者もいた。社会的な「病」は男たちに一時的に救いの手を差し伸べるかもしれないが、結局は、現実から目を背ける逃げ道を与えてしまう。これを医療社会学的視座から考えると、米国の社会学者、タルコット・パーソンズが一九五一年に著書〝The Social System〟で唱えた「病人役割論」に通ずるものがある。すなわち、「男はこうあるべき」という周囲からの圧力に耐え切れなくなった末に、その「男」としての社会的役割から免除される「病人」を演じてしまうということだ。

真性の病であれば、薬の投与や精神療法など治療によって回復は可能だ。しかしながら、社会的に構築された「病」であれば、まず本人自身が、そして本人を取り巻く他者が、社会全体が変わらない限り、完治は望めない。

社会的につくられる「病」は、本書を貫くテーマである「男という病」の様々な問題の一側面にすぎないが、実は重大な危険性をはらんでいるのである。

規範に惑わされず、己《おの》が道を——仕事・家族

主流から非主流への転落

少数派ではあるが、仕事において「覇権的男性性」を誇示できなくなり、いったんは「従属

的男性性」に転じながらも、そうした男性性の対立構造に囚《とら》われない新たな道を自ら切り開いた者もいる。

四年前まで電機メーカーの人事部で次長職を務めていたNさん（四十八歳）は、労働契約法の解雇規制に抵触する、つまり整理解雇の要件を満たさない、リストラを断行する役目を担わされていた。半期ごとに、各部署の部長から挙げられてくるリストラ候補者のリストを基に、希望退職への応募を促す者、子会社に出向・転籍させたうえで人事考課結果を理由に巧みに自主退職へと導く者、会社が契約している人材コンサルティング会社のリストラのノウハウを駆使して是が非でも自主退職に追い込む者――大きく分けてこの三種類に振り分けていたという。

「人事評価が低い者は誘導しやすいので、希望退職。中程度の者はそれなりの理由が必要なので半期か一年、閑職に左遷して考課を下げて精神的に追い詰めてから自主退職へ。最も厄介《やっかい》なのは、評価は中程度でも、旧帝大系国立大学や難関私立大学を出ていて頭が切れ、法律にも明るい者で、人材コンサル会社の専門家を呼んで面談したり、コンサル会社に業務命令で出向させたりして、ある程度お金もかけて自主退職に追い込んでいました。最初は業務とはいえ、心が痛みましたが、だんだん感覚が麻痺《まひ》して……。でも、候補者リストにかつてかわいがっていた元部下がいるのを見つけて……能力はあるのにお人よしで、難病の子どもがいる者で……実行できなかった。それが、主流派から非主流派への転落の始まりでした」

Nさんは人事部長にこの元部下を何とかリストラ候補者から外してもらえないかと何度も嘆《たん》願《がん》したが、全く聞き入れてはもらえず、この行為が部長からの反感を買うこととなる。数日後、「ちょっと休んだらどうだ?」という部長の言葉を最後に、一週間後に休みが明けて出社した際には、部長に人事部から外されるばかりか役職まで奪われ、子会社の倉庫会社勤務を命じられる。自身の手でリストラという残酷な断を下せなかった元部下は、それからしばらくして、希望退職に自ら応募するかたちで辞めさせられた。

「左遷された直後は、職場での地位を奪われたことが非常に屈辱的でした。でも、あの時になって初めて、自分がそれまで社員にしてきた行為のあくどさ、心の醜さに気づいたんです。私が切ってきた元社員たちに申し訳ない気持ちと罪悪感でいっぱいでした。それで……倉庫会社に赴《おもむ》いてから一ヵ月も経たないうちに、退職願を出しました。それぐらいで罪が償《つぐな》えるわけではないですけど、せめてまっとうな人間として一からやり直したかった。家内には、子会社勤務を言い渡された時に、それまでの経緯と後悔の念を包み隠さず話しました。あの時、家内が私の思いを温かく受け止めて理解してくれなかったら、今の自分はないと……とても感謝しています」

起業で「自分なりの男」を

自主退職から半年余りは、途中から給付が開始された雇用保険の失業給付と預貯金、妻が新たに始めたパート勤めで食いつなぎながら、ハローワークに通い、転職支援会社にも登録して再就職活動に取り組んだが、求人があるのは介護職かタクシー・トラック運転手ぐらい。未経験のいずれの仕事も挑む気にはどうしてもなれなかった。一方で、それまでの職務経験、ノウハウを生かすには、公にはされない年齢の壁が大きく立ちはだかったという。

そうこうするうちに、Nさんはある仕事での起業を思い立つ。前の会社で人事部の前に十年余り従事していた経理、経営企画の実績を活用すべく、通信教育で中小企業診断士の資格を取得し、経営コンサルティング業を興《おこ》したのだ。

「再就職活動で当初、優先していたのは、まだ小学生の子ども二人と妻をしっかりと養っていくために、どんな業界でもいいから仕事に就くことでした。でも、動けば動くほど、結果を出せずに自信をなくすばかりで……。だから、家内には多少、負い目も感じましたが……やっぱり自分がやりたい、できる職業に就くほうがいいのではないかと……。かなり勇気はいりましたけれど、ここでもまた家内が、『やらないで後悔するより、やったほうがいいでしょ』と背中を押してくれたことで、前に進めたんです」

前職で多数の社員を不当に退職に追い込んだ苦い経験を教訓に、「社員一人ひとりを大切に育てて有効的に活用し、マンパワーで利潤を追求する経営」をコンサルティングの基本理念に掲げ、最初は埼玉県内の自宅をオフィスにして、事務担当の妻と二人三脚で事業をスタートさせた。起業から二年半、今では従業員一人を雇い、自宅近くに小さなワンルームマンションを借りて事務所とし、中小企業の顧客は地元を中心に県外にも少しずつ増えてきた。

「事業を軌道に乗せるにはまだまだですが、この仕事での実績を重ねるごとに、会社にとっての従業員の貴《とうと》さというものを実感しています。リストラによって社員を切ることに慣れてしまったら、人材の育成、活用のための努力をしなくなる。そのことで結局は、企業全体の活動が鈍化し、売り上げも利益も上がらなくなる。そんな悪循環に、今こそ、経営者は気づくべきだと考えています」

あなたにとって、「仕事」とは何ですか——。取材の最後に質問してみた。

「自分をやる気にさせてくれる活動であることは、今も昔も変わっていません。ただ、仕事の成功と失敗、勝者と敗者、という単純な構図、論理では決して片付けられるものではないと考えを改めました。主流派からの転落もつまるところは、自分を見つめ直すいい機会になって、逆によかったと思っています。自分らしく、というと、抽象的でわかりにくいかな……うーん、やはり周りの目に惑わされず、自分なりの男のあり方を証明してくれるものが、仕事なんじゃないですかね」

共に浮気する仮面夫婦

「妻から敬《うやま》われる」夫を志しながらもそれが叶《かな》わず、仮面夫婦を演じてきた自戒から、夫婦関係を自ら壊すことで、ありのままの己と向き合う選択をした男性もいる。

大阪府内の印刷業の中小企業に勤めるOさん（四十一歳）は、三十一歳の時、大学時代の友人から誘われた合コンで出会った二歳年下の地方銀行勤務の女性と結婚した。翌年に長女を授かり、出産を機に仕事を辞めた妻と三人、当初は「妻子から頼りにされる」夫、父親を目指し、懸命に働き、できる限り家事や育児も手伝っていた。

ところが、リーマン・ショックを契機とした不況の波を受け、主要な取引先だった企業の広報誌や社報の印刷の受注が激減。収入が減る中、経営立て直しのため、営業職のOさんは昼夜を問わず週末まで仕事に追われるようになる。自《おの》ずと妻、子どもと過ごす時間は短くなり、妻との意思疎通《そつう》が図れなくなった。妻とセックスレス状態が続き、いつしか浮気に走ってしまうのだ。

「妻を女として見ることができなくなったこともあるし、僕自身が仕事の疲れやストレスでセックスができない、いや妻を満足させる自信がなくなっていたこともあるかもしれません。でも、今振り返ると、妻と会話が少なくなるにつれて、自分が妻から認められていないんやないか、という不安や焦りが高まっていった……それが心身共に妻との関係が悪化していく最も大きな原因やったと思います。それで……たまたま仕事で出会った女性と……。彼女が僕の仕事と家庭のしんどさを、愚痴ひとつ言わずにただ聞いて、共感したり励ましたりしてくれたのが、とてもありがたかったんです」

その女性との不倫関係が、自分が理想とする夫、父親になれない虚《むな》しさ、一家の大黒柱としての役目を果たせない悔しさで、ぽっかりと空いた心の穴を埋め、「仕事でも家庭でも得られていなかった男としてのプライドを取り戻させてくれた」のだという。

一方で、娘の小学校入学を機に公認会計士事務所で事務職として働いていた妻も、職場の人間と推測される男性と不倫関係にあることを、Oさんは何の気なしに盗み見た妻の携帯メールから知った。彼は妻をとがめることなく、仮面夫婦を演じる決意をする。

「妻の浮気を知った時は、はらわたが煮えくり返りました。自分のことは棚に上げてね。僕の収入が減って家計を補うために勤めに出てくれて、そのこと自体は口には出せなかったけど感謝していたんです。それやのに、僕以外の男と付き合うきっかけになっていたなんて……。でも、厄介な離婚にエネルギーを使う気にはなれへんかった。それに……あの時は、自分の家庭という居場所を失うのが、男としての面子《メンツ》が保てないというか、なんや恥ずかしかったんです……。だから……何も知らんことにして、普通の夫婦のフリをしていました」

別れて取り戻す素《す》の自分

一年近く、夫婦を演じていたOさんにある重大な決心をさせたのが、小学二年生に進級したばかりの娘のひと言だった。

「パパとママは、なんで、仲のいいフリをしてんの?」

「すごいショックでした。僕と妻が共に行っている不貞行為をまだ小さい娘に、すべて見透《みす》かされているような気がして……。あの子にしてみれば、見たまま、素朴《そぼく》な思いを言っただけなのかもしれない。でももしかすると、嫌な思いを溜め込んで、勇気を出して言ってくれたのかもしれません。娘に悪くて、自分が情けのうて、しょうがありませんでした。そして……二、三ヵ月気持ちを整理して、妻に『離婚しよう』と切り出したんです。僕が浮気をしていることも、妻の浮気を知っていることも、全部明かしました。妻はうろたえ、泣き叫んで口も利《き》いてくれませんでしたけど……三ヵ月ほどして、離婚に合意してくれました」

双方に慰謝料は発生せず、一人娘の親権は妻が持つ。Oさんは娘が成人するまで養育費を支払う一方、一ヵ月に一回、娘と会う面会交流の権利を得た。

「娘と離れるのは胸が張り裂けそうでしたが、互いに裏切り行為を続けているお父さん、お母さんの姿を見せているほうが酷《こく》やと、自身に言い聞かせました。僕の理想の家族へのこだわりが強過ぎたせいで、妻も縛《しば》ってしまっていたやろうし、自分もがんじがらめになっていたような気がする。離婚してからは、元妻とは娘と会う時の送り迎えで少し言葉を交わす程度ですが、別れたことで逆に、憎しみ合ったり、騙《だま》し合ったりすることなく、娘の父、母として、適度な距離感を保ったいい関係でいられるんやないかとも思っています」

離婚してから一年余り。Oさんは今、浮気相手だった、編集プロダクションに勤務する九歳年下の女性と結婚を前提に交際を続けている。

あなたにとって、「家族」とは何ですか——。

「自分を認め、必要としてくれる大切な存在、であると同時に、共に暮らしていく中では決して自分の思い通りにはならないし、自己犠牲も伴いますよね。特に、夫婦関係は、恋人の時と違ってとても難しい、というのが実感です。だから、関係が悪くなって仮面夫婦をやっているぐらいやったら、離婚したほうが素の自分でいられるし、気も楽です。一度失敗したからといって家族を否定する気にはなれへんから、また家庭をつくりたいと思っています。前みたいに理想を追いかけず、互いに心をさらけ出し合えるような。ただ、妻と別れても、子どもとの関係は永遠に続くと信じたいですね」

〝居場所〟とは何なのか

取材した男たちの大半が、現在の管理職ポストを死守するため、閑職への配置転換や子会社への出向、さらにはリストラから逃れようと、仕事での地位確保にこだわり、また夫として、父親としての自らの存在感を何としてでも維持しようと、家庭での在《あ》り処《か》を求めて躍起になっていた。背景には、男たち自身の意志だけではなく、「会社で生き残り、出世していくのは当たり前」「妻子に尊敬され、仲むつまじく暮らしていくのは男の甲斐性《かいしょう》」といった、社会や女性たちからのプレッシャーがあるのは言うまでもない。あまりにも己の〝居場所〟に執着するがゆえに、自ら苦悩の淵《ふち》へと落ちてゆく男性は実に多かった。

男たちがそこまで希求する〝居場所〟とは、いったい何なのか。管理職ポストや給与の削減ばかりか、正社員であってもリストラの危機に瀕《ひん》し、定年まで同じ会社で働くことが困難な時代を迎えていることからも明らかなように、会社は社員一人ひとりの待遇を保障することなど、とうに放棄している。妻はというと、すでに夫が家計を支え続けることを疑問視しており、自身が結婚当時に求めた理想の夫、父親ではあり得ないことも悟っている。家庭にはもう、一家の支柱としての男の威厳はない。

職場でも家庭においても、団塊世代などかつて「男の特権」を享受した男たちが当然のように確保してきた覇権的な〝居場所〟は、もはやどこにもないのだ。にもかかわらず、過去の価値観に支配され、周囲からの評価を気にし過ぎるために現実を直視できず、浮足立ったまま、夢の楽園を求めてさまよい続ける。そこに、男たちが苦悶《くもん》する根源があるように思えてならない。

「自己」の否定

必死に頑張って成果を挙げた分だけ、会社が正当に、公正に自己を評価してくれるならば、たとえ考課結果が下がってもそれほど思い煩《わずら》うことはないだろう。だが、会社の人事評価は、成果主義を隠れ蓑《みの》に正当性を失っている。家庭でも、職場での苦悩を妻に打ち明けられないがために、また妻も夫の悩みを受け止めようとしないがために、相互の心に触れ合うことなく、男たちは夫、父親として妻子に必要とされていないという感覚を強め、ひいては仮面夫婦やファザーレス（父親不在）状態に陥ってしまう。

男性の多くが実は、自身が確保したいと切望する〝居場所〟が極めて不確かであること、また仕事や妻、子ども、母親との関係は決して自分の思い描いた通りにはならず、組織や他者が己に下す評価が往々にして理にかなわないことを自覚しているのではないか。だからこそ彼らはなおいっそう、もだえ苦しみ、「会社と闘えない」「妻と相まみえない」「わが子を見失う」「母親から逃れられない」――。

その挙句、男たちを待ち受けているのが、自己否定という限りなく深き暗闇である。「自分がわからない」「現実から逃げたい」「何のために生きているのか？」「このまま消えてしまいたい」……といった己や現《うつつ》、生きるということへの虚《うつ》ろな語りは共通しており、インタビューを深めていけばいくほど、自己肯定感を得られない苦痛に彼ら自身が打ちのめされていることを思い知らされた。

自己を見失った男たちは、元来の男性の特性でもある、誰かにつらさを明かしたり、助けを求めたりすることをためらう気持ちがさらに強まり、他者に対して心を固く閉ざしてしまう。勇気を出して男としてのプライドをかなぐり捨て、家族や友人、地域の人々など、誰かとつながることができていれば、少しでも状況は好転したのではないか。そう感じるケースがほとんどだった。

遠ざかる心に歩み寄り、つながる努力──わが子・妻

「自分の子どもなのか……」

父親として、「わが子のことを思って」為してきたことがうまくいかず、一時期は途方に暮れながらも、現実から目を背けず、子どもとつながってゆく努力をすることで、一条の光を見《み》

出《いだ》した男性もいる。

北関東で父親が興した和菓子の製造、販売業を営むKさん（四十二歳）はある時、不意に言い知れぬ不安に襲われた。

「息子は本当に自分の子どもなのだろうか」――。

そこに至るまでには、Kさんなりに息子の将来を真剣に考えて行動してきたがゆえの、父親としての深い葛藤《かっとう》があった。

高校時代には野球部で甲子園を目指すほどのスポーツマンで、社交的な性格。専門学校卒業後、家業に就いたKさんには、一男一女の子どもがいる。気がかりだったのが、活発で友達の多い妹と異なり、三歳の時に心臓病を患って入退院を繰り返し、完治して小学校へ入学するも病弱で、人見知りな性格の兄のほうだった。

「小学生になって息子とキャッチボールをするのが楽しみだったんですが、息子は外で遊びたがらず、自宅でゲームばかりで……。息子が何に興味があるのか、将来何になりたいのか、会話しながら探りました。そして、やっと理科の生物とかが好きで、『お医者さんになりたい』と漏《も》らしたんです。病院に入院していた時に、身近にお医者さんの姿を見ていたからかもしれません。俺としては、一人息子に家業を継《つ》いでほしい思いはありましたけど……何よりも息子が希望する道が一番だし、それを俺だけに話してくれたことがうれしかった。いろいろと考えた末、中学受験、そのために進学塾に通わせることにしたんです」

しかし、小学三年生の秋から始めた塾通いを、息子は数ヵ月で嫌がるようになる。通塾だけでなく、学校まで「しんどい」といって休みがちで、成績も落ちてしまう。病院での検査で特に異常は見られなかったが、Kさんは息子の気持ちを聞き出せないまま、やむを得ず塾通いをやめさせることにした。このあたりから、次第に息子に対してネガティブな感情を抱き始めてしまうのだ。

「息子は、ますます口数が少なくなってしまいました。そんな様子を見ていて……つい、何で親の気持ちがわからないのか、とイライラしてきた。そしていつの間にか、自分と性格が全く異なる息子に対して、あらぬ疑いを持つようにまでなってしまったんです……」

願望押しつけず、「子放し」も

それからというもの、自ら息子との会話を避けるようになり、息子の世話は妻に任せきり。息子の存在を見失い、自らの父親としてのあり方に煩悶《はんもん》する日々を半年以上も過ごす。そんなKさんを奮《ふる》い立たせたのは、ある出来事だった。

小学四年生の息子が、十歳の節目を祝う学校行事の「二分の一成人式」で、将来の夢と父母への感謝をしたためた作文を発表した。行事に参加した妻から、作文に息子が「お父さんの仕事の和菓子作りを自分もしたい」「お父さんはお客さんが喜ぶおいしいお菓子を一生懸命に作っていて、すごいと思う」などと綴《つづ》っていたと聞いたという。

「息子が実は俺のことをちゃんと見ていて、自分の仕事に関心を持ってくれていることを知って……涙が止まりませんでした。俺自身がおやじに敷かれたレールの上を歩んできて……まあ、自分自身の力で家業以外にやりたい仕事を見つけられなかったのがいけないんですけれど……どこかおやじへの反抗心や後悔の気持ちがあったから、息子には絶対にそうさせたくはなかった。だから、息子が望む道を、と必死になって空回りしていたんじゃないかと、とても反省しています。嫁さんがそんな俺に小言のひとつも言わず、息子の面倒をしっかりと見て優しく接してやってくれたことにも感謝しています」

Kさんはさっそく、息子と真正面から相対する努力を始める。忙しい仕事の合間を縫《ぬ》っては息子に話し掛け、息子が自発的に言葉を発するのを我慢強く待った。以前は否定的だった、息子が時間を費やすゲームについても度々、話題に挙げるなど、わが子の心に寄り添い、つながろうとしたのだ。その結果、息子は徐々に心を開くようになったらしい。

「勉強は嫌いではないけど、仲間と競争するのが苦手なことや、自分の思いをうまく言葉で伝えられないから友達ができなくてつらいこと、なども少しずつ話してくれるようになりました。小学生の段階で将来どんな仕事に就きたいかなんて決められるものではないし、息子の移りゆく気持ちも含めて全部受け止めて、見守っていかなくてはと考えています」

あなたにとって、「わが子」とはどんな存在ですか——。

「やはり目に入れても痛くない、最も貴重な存在、宝物です。でも、だからといって父親の願望を一方的に押しつけてはいけない。それって、息子のことを考えているつもりでも、実のところは自分のため、自己満足ですもんね。子どもはやがて、自分のもとを巣立っていくわけですし、親子互いの自立を前提に付き合っていく必要がある。『子放し』とでもいうんでしょうか……」

「サロネーゼ」妻にうんざり

妻と互いに心が離れてゆく中で一度は家庭内別居状態に陥りつつも、自らの意志と努力で再起し、夫婦関係を改善したケースもある。

化学メーカーで営業部門の課長職に就いていたSさん（四十四歳）は、取引先の広報担当だった四歳年下の女性と三十三歳の時に結婚し、長女を出産後も約一年間の育休を経て仕事を続ける妻と数年は、娘の保育所への送り迎えを分担するなど、子育てに協力していた。だが、妻が「仕事はしんどいだけで、やりがいが感じられない」と退職してから、夫婦関係にすきま風が吹くようになった。

「子育てを分担していた時も、実際には妻の負担が大きかったのですが、女性と違って男性は育児で仕事に融通が利かないから、やむを得なかった。共に理解していたつもりです。それが……妻は、自分が子育てに専念するようになってから、僕が『家庭を大切にしていない』などと愚痴をこぼすようになりました。最初は仕方がないか、と思って彼女の言うことを我慢して聞いて大目に見ていたんですが……〝プチ起業〟のいわゆる『サロネーゼ』への転身をきっかけに、だんだん耐え切れなくなって……」

妻は二年前、いきなり、千葉県内の自宅でネイルサロンを開きたいので初期費用の百万円余りを出してほしい、と申し出てきた。通信講座でネイリストの資格を取るなど、すでにおおかたの準備を整えていて、営業は夕方までの予約制で家事、子育てに支障はなく、当時小学二年生の一人娘は、サロンが忙しくて手が回らない時は、車で十分ほどの場所に住む実家の母親に面倒を見てもらうという。

「僕としては寝耳に水だし、外堀を埋めてからの事後承諾と金の要求で腹も立ちましたが、そこはグッとこらえて、開業を認めて費用も出したんです。育児と家事だけをしているよりも、やりたいことに力を注いだほうが妻も気持ちいいだろうし、僕への愚痴も少なくなって楽かなと。ところが……僕の思惑とは真逆で、オープンしてみると愚痴の内容がサロンのお客さんや取引業者などへと広がって攻撃性も増すばかりで、もううんざり……。この時点から妻を思いやる気持ちや、彼女への関心そのものが失《う》せてしまって、セックスレス状態です。浮気をするのも、離婚も面倒だし、ストレスは週末の競馬で発散していました」

求め過ぎず、長所を見て

妻のサロン開業から半年余り経た頃、ますます深まる夫婦間の溝に頭を痛めているSさんに、予想だにしなかった仕事の荒波が一気に押し寄せる。子会社への転籍だった。

「部長からは『君の能力をより生かせる』と言われましたが、事実上の降格人事です。部次長待遇に昇格したかたちでも、管理職手当も残業手当も付かない、人件費削減のために都合のいい職。化学材料の試験を行う会社の管理部門で、営業の実績を生かせるわけがない。悔しかったですが……年齢的に転職も無理だし、受け入れるしかなかったんです」

上司から転籍の話を聞いてから一ヵ月、人事発令十日前の内示が間近に迫った頃、Sさんは思い切って、自身にとって悲痛な人事を妻に打ち明けた。

「どうせ呆《あき》れられるか、けなされるか、どちらかだと思っていたのですが……妻の反応は意外なものでした。『まあ一度やってみて、嫌だったら辞めればいいじゃない。家計は私が何とかするから』って。心底ありがたかった。それまでは結婚後、妻が変わってしまった、と嘆《なげ》いていましたけど、そういえば、交際中から彼女は何事にも積極的で根性がすわっていたなと。ハッ、ハッ……。それから、妻の心と身体《からだ》に寄り添う行動に出始めました」

妻の励ましに「勇気が湧いた」というSさんは、収入が一割強減ったうえに慣れない職務にも努めて前向きに取り組みながら、まず妻と少しでも長く、深くコミュニケーションを取るようにした。すると徐々に、妻の「愚痴」と思い込んでいたことが、実はネイルサロンの顧客がしつこいクレーマーだったり、納入業者が高値で材料を売りつけていたりするなど、それ相応の理由があることもわかった。そうして、身体のほうも努力の甲斐《かい》あって、一年半ぶりに交わることができたという。

「夫婦関係がまずくなったのは、僕から妻に歩み寄る根気が足りなかったのだと痛感しました。心が通い合うようになってからは、自然とセックスで妻を満足させたい、自分もそうすることで心身共に満たされたい、と思えるようになって……。でも、初回だけは、わざわざ娘を（妻の）お母さんに預けて、結婚前に結ばれた温泉に出かけてムードを演出して頑張ったんですよ。ハ、ハッ……」

あなたにとって、「夫婦」とは何ですか――。

「男女が恋愛から発展して家族をつくる、その大事な最初の一歩であって、家庭の核なんじゃないでしょうか。もともと他人同士がここまで近い関係になるのですから、価値観も性格も違うだろうし、衝突するのは当たり前ですよね。互いに求め過ぎずに相手の長所を見るようにして、でも疑問や不満に思っていることはできるだけ、腹に溜めずに吐《は》き出したほうがいい。特に男性はそうじゃないかな。子どもが独立したらまた夫婦二人の生活に戻るわけで……。今は幸い愛情が戻っていますが、やはりずっと恋人同士のようにはいかないだろうし、いずれ『恋』よりも『情』を重視した貴い関係に成長していければいいですね」

「闘う」という概念の謎《なぞ》

仕事においても家庭においても、思い通りにならない現実を前に、男たちはただ懊悩《おうのう》するばかりだった。目の前の問題に立ち向かってゆくことができない、すなわち「闘えない」のだ。課題解決から逃避し、彼ら曰《いわ》くそんな「弱い」己を受け止められず、苦悩と孤独の隘路《あいろ》へとはまり込んでいるように見えた。そうした男たちはみな、自分が勝負に挑むことなく負けている、「不戦敗」であることを自覚するがゆえに、嘆かわしい思いに苛まれていた。勝負に挑んで敗北を喫したのであれば、彼らの心の闇はそこまで深くなかったのではないか。

そもそも、「闘う」とはどういうことなのか。「男は勝負に勝たなければならない」という伝統的な「男らしさ」の規範に囚《とら》われ、常に他者との比較において自己の立ち位置を推し測ってきた男性にとって、それは紛れもなく「勝者」になることが前提であろう。

しかしながら、第1章〜第4章の取材事例からも明らかなように、不当な人事評価、不正なリストラ手法で社員を自主退職に追い込む会社、夫の苦悩を知ろうとしないばかりか、夫、父親としての存在を軽んじる妻、息子の仕事や家庭の苦境を慮《おもんぱか》ることなく、産みの親の特権を行使して息子を束縛、支配する母親……。もはや「闘い」に正当、公平なルールもなければ、審判もいない。男たちをがんじがらめにする「闘う」という概念そのものが、大波にさらわれた小船のごとく、激しくたゆたっているのである。

今こそ、まず男性自らが、そして女性や社会も、その概念を見直し、再構築する必要があるのではないだろうか。理不尽な現代社会において、勝つこと、だけが「闘い」の意義ではない、ということを。

完璧でない己を認め、「自分のものさし」で
——母親・会社

介護で〝勝ち組〟から脱落

母親の介護と仕事の両立という難題を抱え、職場でも地域でも孤立して自暴自棄になる中、

何とか離職を思いとどまり、暮らしを立て直した男性もいる。そのきっかけは、本人の心持ちの変化と、女性の〝助っ人〟たちの存在だった。

　神奈川県郊外の築三十数年の木造戸建て住宅に母親と二人で暮らす、独身のMさん（四十五歳）は、ＯＡ機器販売の会社に勤め、同期でいち早く総務部門の部長職に就いた。きょうだいはおらず、六年前に父親は病で他界。「生活に特に不自由はないし、独り身のほうが気楽でいい」と思っていた。身辺に思いも寄らない異変が起こるまでは。

　母親が認知症を患い、数ヵ月もしないうちに要介護状態になってしまったのだ。食事の用意のほか身の回りの世話すべてを母親任せだったMさんにとって、母親の介護は戸惑いと精神的苦痛の連続だった。

「料理なんて作ったことがありませんでしたし、何といっても、母を風呂に入れたり、下《しも》の世話をしたりするのがどうも……。肉親でも、女性ですからね。昼間はデイサービスや身体介護の訪問介護を利用して、（介護保険適用外の）家事援助のホームヘルパーさんにも来てもらって……。でも出費できる限度がありますから、結局夜と週末の面倒を見るのは私だけです。ですので、だんだん孤独感が強まっていきました」

　そんなMさんに追い打ちをかけたのが、家族介護者への職場の無理解だった。

「会社に介護休業や介護休暇の制度はありますが、利用した者は一人もいません。それに不況で業績改善が最重要課題という時期に、管理職の私が率先して取るわけにはいかない。もちろん、会社側が介護休業などの取得を勧めてくれることはありませんしね。介護の疲れで、どうにもこうにも、仕事で本来の力が発揮できないんです。〝勝ち組〟のつもりだった自分が、急に脱落したような、とても鬱屈《うっくつ》した気分になりました」

よく飲みに行っていた学生時代の男友達との接触も、「仕事も家庭も成功を勝ち誇っているような奴らに、自分の惨めな姿を見せたくない」という理由で、いっさいやめた。母親の趣味仲間だった近隣の女性たちの訪問も、「鬱陶《うっとう》しく」感じ、拒絶してしまう。

このような周囲との交流が途絶え、荒野にポツンと取り残されたような母親と二人だけの介護を中心とした生活は、ますますMさんを追い詰めた。母親の世話をするようになってから一年近く過ぎた頃、真剣に離職を考える。それを踏みとどまらせたのは、老親介護をめぐる事件の数々だった。

「仕事を辞めようかと思ったのは、心と身体の疲労もありますが……職場、それから広く捉えると社会でしょうか……そこで自分が本来歩むべき道から逸《そ》れてしまっているのを嫌というほど認識して、孤立感や絶望感が募ったから。しかし……度々テレビや新聞で報道される、二人暮らしで息子が介護する母親を傷つけたり殺害したりするという悲惨なニュースを知って、耐えられなかった。犯罪は絶対に許されませんが、この人たちも私と同じように職場や世間の目に苦しんでいたんじゃないかと。親子共倒れにならないために働いて稼がないといけないし、介護と仕事の両立のつらさから逃げてはいけない、と自分を戒《いまし》めたのです」

「心の持ちようひとつで」

Mさんはまず一歩、自ら「外へ」出る決心をする。長らく買っていなかった母親の下着類をそろえるため、近くのショッピングセンターに出かけたのだ。そこで、明るい出会いが待っていた。

「恥ずかしかったですが、女性の下着売り場で商品を選んでいた時でした。隣町に嫁いだ幼なじみの女性と十年ぶりぐらいにばったり出くわしたんです。彼女も実家のお母さんを通いで在宅介護していると聞いて……。不思議なものですね。男の友人には明かせなかった自分の介護の大変さや悩んでいることなどが、彼女にはすらすらと話せたんです。それから、いろいろと教えてもらうようになりました」

それから幼なじみの女性は、電話などで、母親のための下着や介護用品の選び方を懇切丁寧《こんせつていねい》に教えてくれ、また初心者でも短時間で簡単に作れる料理なども指南してくれたのだという。そうしているうちに、以前は心を閉ざしていた介護ヘルパーや母親の友達と交流できるようになり、さらにはヘルパーから紹介された地域の介護ボランティアの手も借りることにした。

現在も、Mさんは会社に勤めながら、母親を在宅で介護している。

「母は記憶障害も進んで問題行動も目立つようになっているし、介護が大変なことに変わりはありません。職場では部長待遇に降格させられてラインから外れ、周りからは〝落ちこぼれ〟扱いですが、現に介護と両立して働き続けている。それに、女友達や近所のおばさんたちを頼れて介護の話題で盛り上がれる男なんて、そうはいないでしょ。ウフフッ……。仕事も介護も完璧を求めなければ、心の持ちようひとつでどうにか乗り切れると前向きな気持ちになれました。そんな自分を自分で認めてやらないといけないと思っています。それから……母の介護を経験して、なぜだか結婚したいと思うようになりまして……。女性は、家事能力の高さだけでなく精神的にも強くて頼もしいし、共に支え合って生きていけるパートナーがいれば、と」

あなたにとって、「母親」とはどんな存在ですか――。

「自分を産んでくれた、この世に送り出してくれたのですからね。それは、かけがえのない存在です。ただ、母親のことに囚われるあまり、自身の仕事や私生活をないがしろにしてしまうのは本末転倒じゃないかと思います。これは母親が介護が必要な状態にあろうがなかろうが、息子である自分が家庭を持っていようがいまいが、同じなんじゃないでしょうか。まずは己の足元をちゃんと見つめることが、母親のため、にもつながると信じています」

“敗北”で“狂気”の入口に

職場の出世競争に敗れた心痛から心身ともに疲弊《ひへい》し、一時は生きる望みさえ持てなくなりながらも、会社との付き合い方、仕事の意義に新たな視点を見出すことで人生を好転させたケースもある。

東京に本社を置く流通チェーンの九州にある支社でエリアマネジャーを務めるAさん（四十三歳）は、激変する職場環境に翻弄《ほんろう》されたこの三年間を振り返り、今の心境をこう語った。

「仕事のパワーゲームで勝利しなければならない、などという男のプライドを思い切って捨て去ったら、肩の荷が下りたというか……気持ちがとても楽になりました。それまで自分が必死に追い求めていたものなんて、よくよく考えたら取るに足りないな、って。今やっと、仕事で自分ができる、やるべきことが見えてきた気がしているんです」

東京の難関私立大学出身のAさんは、入社以来、本社の販売促進、マーケティング部門で実績を積み、三十歳代半ばで課長職に就いた。半期ごとの人事考課でも常に五段階評価で最高の「S」を獲得し、本人によると、「敵は多かったが、ライバルを常に大きくリードしていて、部次長職昇進は時間の問題だった」。

ところが、部下がうつ病を発症。一ヵ月の休職を経て、一度は職場に復帰したものの、数ヵ月して無断欠勤の後、退職届を郵送してきた。Aさんは辞職を思いとどまるよう説得にあたろうとしたが、部下は彼からの接触さえ拒んだという。このことで管理・監督責任を問われたAさんの評価は、下から二番目の「C」に急落する。結局、部次長ポストを入社年次が二期上の他部署の課長に奪われてしまうのだ。その半年後、さらに最低に落ちた人事考課結果を突きつけられると同時に、九州の支社への転勤を命じられた。

「『成果』主義とは名ばかりで、実際は『減点』主義で、人件費・人員削減のための道具。たぶん、僕の失敗を待ち望んでいたライバル、そして『下』から追い上げられるのを避けたい上司からも、揚げ足を取られて蹴落とされたのだと思います。自分に対する職場の空気が一気に冷たく変わっていくのを、痛いほど感じました。勝負に負けるというのはこういうことなのかと……。しかし、女房と小学生の子ども二人を抱えて仕事を辞めるわけにはいかない。涙をのんで命令に従いました」

付いて来てくれると思っていた妻は、子どもたちの教育環境の変化を避けたいとの理由で、東京に残ると言う。

「あの時ほど、孤独に打ちひしがれたことはありませんでした。会社だけでなく、女房にまで〝落伍者〟の烙印《らくいん》を押されたようで……。それまでの経緯からも年齢的にも、支社に下《くだ》って本社に戻れる見込みはないし、次はリストラされるかもしれない。仕事に身が入らず、毎日ビクビクしていました。そのうちに、一日中気分が沈み込んで夜も眠れなくなりまして……気づいたら、十数階建ての自宅マンションの屋上の縁《へり》から地上をぼーっと見下ろしているんです。このまま消えてしまいたいなあ、って漠然《ばくぜん》と考えながら……。そんなことを何度か繰り返していた自分を〝正気《しょうき》〟に引き戻してくれたのが……親友の、無念の死、でした……」

自己を評価するのは自分

製造業で営業職に就いていた大学時代のゼミ仲間が、過剰なノルマを課せられ、それを達成できないことを理由に、何度も密室で複数の上司に囲まれて退職願を出すよう迫られた。違法な退職強要であると拒絶すると、執拗《しつよう》なパワハラに遭《あ》って精神的に追い詰められ、その結果、自ら命を絶ったのだという。親友の妻から手紙で詳細を知らされたAさんは、深い悲しみに暮れるとともに、奮起した。

「彼の分も懸命に生きなくてはならない。そう自分を律しました。彼を死に追いやった会社は憎くてしょうがない。僕自身も、こんな境遇に追い込んだ会社に煮えたぎるような怒りが根底にあって、一時は〝狂気〟の入口に立っていたような気がする。でも、恨《うら》みを溜めたままでは人間は先に進めないんじゃないでしょうか。前を向いて生きていくために――支社に来てからは人と目を合わせることもろくにできていなかったですから――まずは顔を上げようと。定期的に回る店舗ではお客さんをしっかりと見て、挨拶《あいさつ》するよう努めました。そうしたら、いつの間にか自然とお客さんと笑顔で会話できるようになったんです。自分の仕事で喜んでくれる人がいる。そのことが一番の働くモチベーションにつながりました」

　東京の自宅に戻った際、妻にそれまでのいきさつをすべて打ち明け、自分の苦悩を黙っていたことを謝罪した。妻は夫への理解不足を詫《わ》びるとともに、支社への異動でやる気をなくしている夫を身近で見ているのがつらかった、と転勤に伴わなかった本音も明かしてくれた。それから数ヵ月後、妻子は東京から居を移し、同居生活が再開してから一年近くが経つ。

「今の職場にいつまでいられるのか、会社に勤務し続けられるのかさえわかりませんが、『上』からの評価や出世競争にはもう惑わされたくない。〝立派な〟会社員は卒業です。会社のために働くのではなく、お客さんのために、そして家族と自分のために、働くのだという思いを今、強くしています」


　あなたにとって、「会社」とは何ですか——。

「会社自体が社員に不当な処遇を与える時代ですから、かつてのように忠誠を誓ったり、個人を犠牲にしてまで尽くしたりする存在ではないですね。ただ、現に働いていられる間は、付かず離れず付き合っていかなければならない。最近、『会社』と『仕事』は必ずしも密着したものではないんじゃないかと思うようになりました。会社は思い通りにはならないけれど、仕事は百パーセント会社に支配されるものでもないし、自分のものさしで自己評価しながら前向きに取り組んでいけばいい。少しでもいいから、誰か人の役に立ったと実感できる働き方を続けられればいいですね」

「折り合いをつける」という希望

繰り返す。勝つこと、だけが「闘い」の意義ではない。まだごく少数ではあるが、本章の事例にもある通り、厳しい現実にいったんは打ちのめされても、そこから立ち上がって奮起し、仕事と、家族と、「折り合いをつける」ことによって、現に希望の光を見つけ出した男たちもいるのだ。

不本意な現実を前に戦意が失せ、そんな己を嫌悪する、という男性は非常に多かった。長い沈黙を得て、自らのネガティブな心情を表す「情けない」「面目《めんぼく》ない」「惨め」「恥ずかしい」……などの語りはそれを象徴している。彼らは「覇権的男性性」の規準に照らし合わせた自己の同一性、すなわちアイデンティティーを喪失していることに苦悩し、絶望していたように見えた。

しかしながら、元来、自己は唯一のものではない。社会からの「男はこうあるべき」という規範の押しつけは、個々人に「覇権的男性性」を具現化する集団の一員であらねば、社会から脱落してしまうという強迫観念にも似た意識を強要する。このような社会的アイデンティティーの構築は、権力者が、彼らの論理によって人々を「勝者」と「敗者」に振り分け、多数の「敗者」を統制・支配するために都合のいい道具でもあるのだ。

男として、強い自分もいれば、弱い自分もいる。問題の打開策を見出せずに心がさまよう時だってある。自己の一貫性にこだわり過ぎず、多元的な己のすべてを認めたうえで、厳しい現実から逃げないで、どんなかたちであろうとも働き続ける、どんな関係にあろうとも妻や子ども、母親と向き合うことをやめない。つまるところ、堂々と前を見て、生きてゆく。そのことが「折り合いをつける」ということなのではないか。

「折り合いをつける」というと、対組織、対人関係において妥協する、つまり志を貫けずに折れる、目指してきたものを諦《あきら》める、という言葉・概念のニュアンスで受け止める人も多いだろう。また、大和言葉の「和をもって貴しとなす」を思い浮かべる人がいるかもしれない。だが、私が提案したいのは、そのいずれでもない。「折り合いをつける」とは、社会が、組織が、他者が決めたルールではなく、自分自身が揺るぎない信念のもとに打ち立てたルールにのっとって、己の正義に基づき、自らの仕事を、家庭を、人生を諦めないための一世一代の「闘い」に挑むこと、そのことで自らが再起した証《あかし》なのである。

政治家たちが市井《しせい》の男たちの辛苦に目を向け、国の政策を転換していくことは早急に求められるが、それをただ待っているだけでは何も変わらない。まず男性自らが己を見つめ直し、「折り合いをつける」べく、積極果敢に挑み続けるしか、「男という病」を克服する手立てはないのではないか。そうすることで、しっかりと地に足をつけて、この理不尽な世の中を生き抜く術《すべ》が見つかるのではないかと思うのである。

新たな男たちへ

一九八〇年代に萌芽《ほうが》した男性学・男性性研究は、欧米においてメンズリブ（男性解放）運動へと発展し、そのうねりは一九九〇年代、日本にも押し寄せた。社会学者の伊藤公雄は、一九九三年に出版した著書『〈男らしさ〉のゆくえ』でいち早く、日本における男性問題の所在を明らかにし、自らメンズリブ運動の先頭に立ち、「男たちよ、古くさい『男らしさ』の『鎧《よろい》』を捨てて、自由に生きよう！」と訴えた。この思想に誘発され、関西を中心に関東や九州などでもメンズリブ運動が展開されたが、一時期のウーマンリブ（女性解放）運動のようには社会に浸透せず、やがて衰退した。旧態依然とした「男らしさ」を否定し、男性をその抑圧から解放することを目指して、たとえ一部でも男たちが群れて声を上げたことは画期的で、意義があった。だが、活動家たちが意図したかどうかは別として、仕事一筋の人生から脱却し、家事など生活面で自立すべきという主張が強調され過ぎたあまり、仕事に自らの生きがいを見出すため、優勢であろうと劣勢であろうと日々頑張っている多くの男性にとっては、日本でのメンズリブの理念は受け入れ難かったのではないか、と私は考える。

男たちを十数年の長きにわたって取材してきて今改めて、男というものは、どんなかたち、情勢であっても、「闘い」続けることなくして、前に突き進んでゆくことができない生き物であるということを強く実感している。

個人と個人、個人と社会は、互いに影響を及ぼし合いながら成り立っている。人は、この社会的相互作用を避けて生きてゆくことはできない。しかし、他者や社会から自身に投げかけられる視線を、そのまま「圧力」と感じるか、敢《あ》えて「期待」と変換して受け取るかは、ある意味、男性自身に委ねられている。

Aさんの言葉にもあったように、「自分のものさし」で、「覇権的男性性」対「従属的男性性」の上下構造でもなく、また「主流」対「非主流」の対立構図でもなく、既成概念を覆す十人十色の「男」がいてもいいのではないか。決して、男の「闘い」も「プライド」も捨てる必要はない。ただ、少しそれらの概念を自分なりに捉え直してみるのだ。

「はじめに」でも述べたが、私が取材から逃げることなく、男たちを追い続けることができたのは、彼らのひとたび苦境と絶望に打ちひしがれても、必死に前を向いて生きてゆこうとする、極めて控えめではあるが、男としての確固たる誇りと不撓《ふとう》の精神に心揺さぶられたからだ。この「男として」とは、もちろん既存の男性性の枠組みには当てはまらない、新たな男性性と男の生き様である。それはまだ捉えどころがなく、類型化するにはあまりにも希薄ではあるが、確かにそこにあったのだ。

男性自身が明日《あす》に向かい、誰にも惑わされずに己がそうと確信できるしあわせ、を手にすることを心から願っている。自分一人の力では理不尽で威圧的、杓子定規《しゃくしじょうぎ》な社会を改善できなくても、男性それぞれが意識と行動を少しずつでも変えていくことで、国さえ動かす大きな力になるのではないだろうか。

そして私は、これからも男たちの声にならない慟哭《どうこく》を全身全霊で受け止め、その心にどこまでも寄り添ってゆきたい。

おわりに

「しあわせは　いつも　じぶんの　こころが　きめる」

人間の心や生き方を問い続けた、詩人で書家の相田みつをさんのこの言葉が大好きです。私の心にいつも、優しくも力強く語りかけてくれます。三十歳で技巧派の書家として頭角を現すも、書道界の「権威」を嫌い、「技術だけでは人を感動させることはできない」と、自らの平易な言葉を独特の書体で書く作風に入っていった相田さんは書、詩ともに長らく評価されることはなく、初の作品集の出版は還暦の時。その七年後、病で急逝されます。この文言は三十歳過ぎで書き始め、書体や仮名遣いなどの試行錯誤を繰り返しながら亡くなる一年前に完成しました。相田さんが生涯を懸けて仕上げ、世に訴えかけた作品と言えます。

本書で一ジャーナリストとして、この「今」を生きる男性の生きづらさを取材・リポートし、苦難を乗り越えるヒントも提案させていただきましたが、実は私自身が仕事や家族など様々な難題に直面して思い悩んでいます。ふとした拍子に世間の目が気になることはもちろん、現実から目を背けたくなることさえあります。そんな時に、相田さんの「しあわせは　いつも」が己を戒《いまし》め、前へと突き進んでゆく大きな力を与えてくれます。つまり、性別は違えど、私は生身の人間として、本書でご紹介した悩める男性の方々と大差ないのです。

また、客観的なルポルタージュでありながら、取材対象者の苦悩に寄り添ううちに時として、共感するあまり己の心情と同化させてしまう点など、旧来のジャーナリズム理論・手法の規範から逸脱している面があることは、ジャーナリズムを学術的にも実践的にも学んできた者として重々承知しています。研究者やメディアの「権威」からのご批判は真摯《しんし》に受け止めています。でもこれは、報道組織のラインから外れたことで逆にジャーナリズム、ルポルタージュの世界観が広がり、マニュアルに沿った方法でも技術でもなく、あくまでも市井《しせい》の人々の目線に立った現場主義の経験を積み重ねる中から会得した自分なりのかたちなのです。未熟ではありますが、今自らの持てる力すべてを注ぎ込んでこの作品を仕上げました。そうして今、みなさんに本書をお届けすることができて、私はとても、しあわせ、です。

戦後七十年の二〇一五年は、集団的自衛権の行使を可能にする安全保障関連法が成立するなど、世界における日本のあり方や平和追求について国民が今一度、広い視野で考えを巡らせる契機の年だったように思います。かたや身近な日々の暮らしに目を向けると、依然として市井の人々は先行き不透明な社会に不安を募らせています。

安倍首相は二〇一五年十月に発足した第三次改造内閣を「未来へ挑戦する内閣」と位置づけ、「一億総活躍社会」の実現を目指すとしていますが、諸政策の実効性や財源の裏付けは乏しく、大上段に振りかざした抽象的なスローガンは、現実との乖離《かいり》をなおいっそう際立たせ、ただ虚《むな》しく響きます。庶民が「アベノミクス」の効果を実感するにはまだほど遠く、企業に雇用される人たちの労働環境は厳しさを増すばかりです。中でも、女性の活躍推進や若年者のグローバル人材の育成のほか、高齢者、子どもなどが国の政策課題に挙がるのとは異なり、支援の網目から、それ以前に議論のテーマからさえもこぼれ落ちた、男性の苦しみは計り知れません。政治家の方々には、市井の人々の目線に立って、私たちの生の暮らしを知る努力から始めてもらいたいものです。

男たちの苦悩は、現代社会がもたらした負の遺産でもあると、私は考えています。しかしながら、社会を、組織を、他者を恨《うら》んだところで何も得るものはありません。己の心が汚《けが》れ、前を向こうとする気持ちをそがれるだけです。まずは男性自身が自らのものさしで自己を見つめ直し、果敢に歩《ほ》を進め、絶望という「病」を克服していってくださることを願ってやみません。

本書で取り上げた仕事と妻、わが子、母親ら家族の問題はいずれも、互いに深い相関関係にあることを、取材を通して実感しました。妻と心通わせて仕事の危機を乗り切った方もいれば、リストラをきっかけに突如として家族を失った方もいらっしゃいました。夫婦関係が子どもにもたらす影響の大きさや、実母との関わり方いかんによっては自らが築いた家庭の存続をも揺るがし兼ねないことを、痛いほど思い知らされました。取材で、これでもか、というほど職場や家庭での悲痛で衝撃的な事例を目の当たりにしてもなお、共に心をひとつにどんな苦難も乗り越えてゆける家族の力、を私は信じています。会社からの処遇がどれほど理不尽であっても、顧客に喜んでもらえる、誰かの役に立っているという仕事のやりがいが人生に与える活力、を私は信じています。悩める男性と共に希望の光を見出せるよう、家族をはじめ周囲の方々が、社会全体が変容していくことにも期待しています。

取材にご協力いただいた方々に改めて厚くお礼申し上げます。もだえ苦しみながらも、何とか顔を上げて立ち上がろうとするみなさんの姿から、私自身が溢《あふ》れんばかりの勇気をいただきました。つらい出来事を経験したからこそ、普段は見過ごしがちな仕事の重みや家族の絆の貴《とうと》さを再認識し、自身の苦悶《くもん》を糧《かて》に前進してゆける。取材を通してみなさんから教えてもらった人生の指針を大切な宝物として、己もそうあらねばと肝《きも》に銘じ、これからも精進してまいります。

そして、本書をわざわざ手に取り、読んでくださった読者の方々に心から感謝しています。すれ違う時の中で、みなさんとこうしてつながれたことが、うれしくて仕方がありません。

最後になりましたが、本書出版に向けていろいろとご尽力いただいた幻冬舎の高松千比己《ゆきひこ》さんをはじめ、本作りに関わってくださったみなさん、まことにありがとうございました。

二〇一六年三月

奥田　祥子

著者略歴

奥田祥子《おくだしょうこ》

ジャーナリスト。京都市生まれ。

米・ニューヨーク大学文理大学院修士課程修了後、新聞社入社。男女の生き方や医療・福祉、家族、労働問題などをテーマに、市井の人々への取材を続けている。所属部署のリストラを機に個人活動を始めた。

慶應義塾大学大学院政策・メディア研究科後期博士課程所定単位取得退学。「Media Influence Over the Transformation of Stigma Toward Depression in Japan」「Pharmaceuticalization and Biomedicalization: An Examination of Problems Relating to Depression in Japan」（米学術誌『Sociology Study』に掲載）ほか、学術論文も発表している。

著書に『男性漂流―男たちは何におびえているか』（講談社）、『男はつらいらしい』（新潮社）、共訳書に『ジャーナリズム用語事典』（国書刊行会）などがある。

幻冬舎新書 412

男という名の絶望
病としての夫・父・息子

二〇一六年三月三十日　第一刷発行

著者　奥田祥子
発行人　見城　徹
編集人　志儀保博

発行所　株式会社　幻冬舎
〒一五一-〇〇五一　東京都渋谷区千駄ヶ谷四-九-七
電話　〇三-五四一一-六二一一(編集)
〇三-五四一一-六二二二(営業)
振替　〇〇一二〇-八-七六七六四三

ブックデザイン　鈴木成一デザイン室

印刷・製本所　株式会社　光邦

GENTOSHA

Printed in Japan　ISBN978-4-344-98413-4 C0295
お-24-1